GEHST DU GOETHE!

Speed-Dating mit deutschen Klassikern

INHALT

WOYZECK

Zugegeben: Einfach im Umgang ist er nicht unbedingt, der kleine Soldat Woyzeck. Dabei könnte alles so gut sein für ihn, wenn nur Marie, die Mutter seines Kindes, ein kleines bisschen netter zu ihm wäre, oder seine Vorgesetzten ihn nicht ständig quälen würden, oder die Stimmen in seinem Kopf endlich mal aufhören würden, Zeter und Mordio zu schreien. Wird er aus seiner ewigen Opferrolle entkommen? Ihr lernt diese außergewöhnliche Persönlichkeit kennen auf Seite 41

DER SANDMANN

Er ist jung, er ist klug, er hat einen Studienplatz – und sogar eine clevere Verlobte namens Clara! Eigentlich läuft im Leben von Nathanael alles super, wäre da nicht ein tiefsitzendes Kindheitstrauma um den geheimnisvollen Sandmann, das ihm Alpträume am helllichten Tag beschert, bis er lieber mit einer Roboterfrau als mit seiner Verlobten zusammen ist. Kann Clara die seelischen Wunden ihres Geliebten heilen und mit ihm glücklich werden? Wie wär's mit einem Meet-and-Greet auf Seite 55

KABALE UND LIEBE

Der Adlige und die Bürgerliche – sind sie die Neuausgabe von Romeo und Julia, oder noch besser: William und Kate? Der junge Major Ferdinand von Walther ist zum Flötenunterricht ins Haus Miller hineingestürmt und -drängt und natürlich wurde die hübsche Luise von seiner emotionalen Begeisterung mitgerissen – aber reicht ihre gemeinsame Leidenschaft, um den Fallstricken der höfischen Intrigen zu trotzen? Das Kennenlernen mit diesem Paar in seiner emotionalen Achterbahn beginnt auf Seite 69

DANTONS TOD

Man soll aufhören, wenn's am schönsten ist. Gut, so schön ist es jetzt weder für Danton persönlich, denn er hat keine völlig reine Weste in Bezug auf seine politische Vergangenheit, noch für das Vaterland, das gerade von der blutigen Terrorherrschaft der Jakobiner gebeutelt wird. Trotzdem wäre Aufhören eine gute Idee – vielleicht lassen dann ja Ungerechtig- und Schlaflosigkeit nach. Kann sich Danton damit gegen seinen alten Rivalen Robespierre durchzusetzen? Ihr lernt den genialen Redner und Ladies-Man Danton kennen ab *Seite 83*

EFFI BRIEST

Wir befinden uns in einer Zeit vor der Erfindung des Online-Shopping und der sozialen Medien. Wie soll die muntere junge Effi da langfristig ihre umfangreiche Tagesfreizeit füllen? Unter diesen Umständen erscheint eine Heirat mit dem seriösen Baron von Instetten als ernstzunehmende Unterhaltungsoption! Wird Effi als Gattin des korrekten Beamten aus der Langeweilefalle entkommen? Einen Einblick ins Gefühls- und Eheleben der hoffnungsvollen Chica erhaltet ihr ab *Seite 97*

EMILIA GALOTTI

Endlich mal eine Geschichte, die mit Sicherheit ein Happy-End haben wird: Die junge Emmi steht kurz vor der Hochzeit mit dem Mann ihrer Träume, sie lieben sich, sie gehören zur gleichen Klasse, sogar ihre Eltern sind glücklich über die Verbindung. Es kann eigentlich nichts mehr schief gehen – außer der fürstliche Machthaber des italienischen Städtchens grätscht mit mafiösen Methoden in die Heiratspläne, aber das kann der ja nicht bringen. Oder? Der spannende Thriller um Emmi und ihren Traum vom Glück startet ab *Seite 111*

DIE LEIDEN DES JUNGEN WERTHER

Was gibt es Schöneres, als ein junger, wohlhabender Praktikant in einer Kleinstadt zu sein? Gut, eine Chica müsste auch noch am Start sein, aber hey, bevor sich Werther zweimal umgeschaut hat, trifft er auch schon die Frau seiner Träume, und jetzt kann dem großen Glück ja nichts mehr im Wege steh'n – ich meine, die ist doch nicht schon anderweitig vergeben, oder? Wohin der Weg des jungen Naturliebhabers führt, erfahrt ihr ab Seite 125

NATHAN DER WEISE

Natürlich wünscht sich jeder Papa, dass sein Töchterchen mal einen richtig guten Mann kriegt, dem er sie bedenkenlos anvertrauen kann, aber als der junge Tempelritter dann tatsächlich um die Hand von Nathans Pflegetochter Recha anhält, hat der mehrere gute Gründe, erst mal kräftig auf die Bremse zu treten. Und der heißblütige Kreuzzügler ist nicht sein einziges Problem! Wird es Nathan gelingen, seine Familie und sich selbst zu retten? Wie wäre es mit einer kleinen Reise in den märchenhaften Orient ab Seite 139

Für Antonia, to stay.

VORWEG

Es gibt so Typen, die würde man nie daten. Für viele sind das zum Beispiel Anzugträger/innen. Für andere Birkenstockpirat/inn/en. Oder Punks. Der Punkt ist: Du weißt nicht, was du verpasst, wenn du ständig mit der Anti-Punk-Brille durch die Welt läufst, denn am Ende wollen wir doch alle nur das Eine: coole Leute kennenlernen. Dasselbe gilt für Geschichten. Bei vielen Leuten lösen die Namen Lessing, Goethe und Schiller Schweißausbrüche und Fluchtreflexe aus, von anderen vegetativen Reaktionen gar nicht zu reden. Ich glaube, diese Traumata sind den Umständen geschuldet, unter denen man sich kennengelernt hat: Deutschunterricht ist meistens das Gegenteil von sexy. Was noch nicht mal die Schuld der Lehrer ist – der Leistungs-, Lese- und Klausurendruck macht ein ergebnisoffenes, neugieriges gegenseitiges Kennenlernen schwer bis unmöglich. Dabei sind die Figuren, die uns da in diesen alten Büchern begegnen oft ziemlich beeindruckende Leute, deren Geschichten zwar im Ganzen meistens nicht zum Nachmachen geeignet sind, die aber im Einzelnen totale Helden und Role-Models sein können, und sei es auch nur, dass wir uns und unsere Zeit besser im Kontrast zu ihnen verstehen.

Um zu entscheiden, ob man sie näher kennenlernen will, muss man ihnen aber erst mal eine Chance geben. Was könnte dafür besser geeignet sein als ein Speeddating? Die Texte und Bilder dieses Büchelchens sind nichts anderes als Verkupplungshilfen mit »alten Schinken«. Sie basieren auf meinen Videos aus der Reihe SOMMERS WELTLITERATUR TO GO bei YouTube, wurden aber als nunmehr analoge Appetithäppchen liebevoll neu angerichtet. Vielleicht hat sich die eine oder der andere schon mal gefragt, wo die Literatur eigentlich hingeht, wenn sie to go ist. Na ja, Bücher sind auch nur Menschen, die geliebt werden wollen. Und wenn ihr ihnen ein bisschen entgegengeht, werden sie diese Geste mindestens erwidern, euch möglicherweise sogar an den Hals springen. Ich prophezeie euch spannende Freundschaften, innige Hasslieben und im Extremfall – wer weiß – sogar die Entdeckung einer Seelenverwandtschaft. Viel Spaß beim Kennenlernen.

Michael Sommer

Johann Wolfgang von Goethe

FAUST –
DER TRAGÖDIE
ERSTER TEIL

ES WAR ZU BEFÜRCHTEN: DER HIMMEL IST EIN BISSCHEN LANGWEILIG, DIE ERZENGEL (HINTEN) ROCKEN AUCH NICHT MEHR SO RICHTIG. GOTT SEI DANK ... ÄH, DASS AB UND ZU BESUCH VON DER KONKURRENZ VORBEIKOMMT, NÄMLICH MEPHISTOPHELES (RECHTS), DENN DANN WIRD GELÄSTERT UND GEWETTET, WAS DAS ZEUG HÄLT ...

Wir hätten's schlimmer treffen können mit unserem Nationaldrama. Immerhin ist FAUST von Johann Wolfgang von Goethe eine Tragödie, und damit ist Spaß garantiert. Auch beim Personal hat sich JoWo nicht lumpen lassen, von Gott dem Herrn bis zum fremdenfeindlichen Studenten in Leipzig ist wirklich alles geboten, was auf der Bühne für Stimmung sorgen kann. Und dann die Story: Sex, Drugs, Walpurgisnacht – eigentlich komisch, dass er nicht gleich eine Amazon-Originals-Serie draus gemacht hat.

Bevor's losgeht, muss der geneigte Leser aber nicht weniger als drei Prologe ertragen, denn Goethe war gelernter Jurist und wollte sich wohl von vornherein gegen Schadenersatzklagen absichern. In der ZUEIGNUNG räumt er erst mal mit den Figuren auf, die sich jahrzehntelang wie die Ohrwürmer durch seine Hirnlappen gefressen haben: »Okay, dann schreib ich jetzt halt ein Stück über euch, aber ich bin nicht schuld, wenn's scheiße wird.« Es folgt Disclaimer Nr. 2, das VORSPIEL AUF DEM THEATER, in dem er quasi Reality-TV von der Bühne liefert: Ein Theaterdirektor, den nur die Kohle interessiert, ein Stückeschreiber, dem das Publikum egal ist, und ein Comedystar, der nur billigen Mist machen will, vereinen ihre Kräfte, um Kunst auf die Bühne zu bringen, was ja nur großartig werden kann.

Der dritte Anfang, PROLOG IM HIMMEL, hat dann tatsächlich mit dem Stück zu tun: Wie jeden Tag lässt sich der große Boss von seinen untergebenen Engeln beweihräuchern, was so langweilig ist, dass er total happy ist, als Mephisto (so 'ne Art Abteilungsleiter aus der Hölle) auftaucht und über die Menschheit ablästert:

»Das sind doch alles Tiere.«

»Na ja, komm! Alle ja wohl nicht. Hier, der Dr. Faust zum Beispiel. Der ist doch wohl cool.«

»Der ist auch nicht besser! Wette?«

»Wie viel?«

»Seine Seele. Topp?«

»Mach nur. Schaffste eh nicht, den zu verführen.«

Die Meinungen der Literaturwissenschaft gehen auseinander, ob das jetzt eine echte Wette ist oder ob der große Boss sich vielleicht ein Hintertürchen offengehalten hat, jedenfalls hat Meph das Gefühl, dass er Faust jetzt mal so richtig auf Abwege führen kann.

Und hey, schon geht das Stück richtig los! Es ist Nacht, Dr. Heinrich Faust sitzt in seinem Unibüro und ist ziemlich down. Ob es die vierte Midlife-Crisis oder einfach 'ne depressive Verstimmung ist, er zweifelt einfach mal an allem. »Mir is sooo langweilig! Da biste genial, hast alles studiert und trotzdem von nix 'ne Ahnung. Wenn man als Forscher wenigstens Kohle scheffeln könnte – aber da müsst' ich nach China gehen. Ich brauch' Entertainment – die volle Dröhnung – ich mach' 'ne Geisterbeschwörung!«

Klingt abwegig, aber wir befinden uns in einer Zeit vor der Erfindung der Spielkonsole, deshalb beschwört er kräftig den sogenannten Erdgeist, der tatsächlich erscheint, und fragt:

»Was bist 'n du für 'ne Flitzpiepe?«

»Ich bin der Doktor Faust, ich bin doch keine Flitzpiepe.«

»Du bist 'ne Flitzpiepe.«

Und PLOPP, isser wieder verschwunden. Als ob das noch nicht deprimierend genug wäre, nervt dann auch noch sein Assistent Wagner. Aber so verzweifelt, dass er seinen Samstagabend mit einem Nerd wie dem verbringen würde, ist Faust auch wieder nicht, da bringt er sich lieber um. In echt. Er schnappt sich Gift vom Bücherregal, aber es ist einer dieser Tage, wo man besser gleich im Bett geblieben wäre. Er setzt gerade eine Überdosis an, da fangen die Kirchenglocken an zu läuten, denn es ist der Samstag vor Ostern. »Kann man sich hier nicht mal fünf Minuten in Ruhe umbringen? Ach, fuck.« Stattdessen geht er schlafen.

DA REISST MAN SICH EIN BEIN AUS UND BESCHWÖRT
STUNDENLANG SO EINEN ERDGEIST, UND STATT
DASS DER DANKBAR IST, DASS EIN GELANGWEILTER
DEUTSCHER LEHRSTUHLINHABER MAL ZUM SPASS
BEI »CALL AN ERDGEIST« ANRUFT, HAT DER HERR
GEIST AUCH NOCH ANSPRÜCHE UND MACHT EINEN AUF
WICHTIG. DIE ERDGEISTER SIND AUCH NICHT MEHR
DAS, WAS SIE MAL WAREN.

Der Ostersonntag fängt auch nicht besser an. Wahrscheinlich hat Faust ein schlechtes Gewissen, weil er den Wagner gestern Abend so abserviert hat. Jedenfalls geht er mit ihm spazieren, die Sonne scheint, und die Leute freuen sich, ihn zu sehen, weil er angeblich mal 'n guter Arzt war. Aber während Faust sich noch über die Leute aufregt, rennt plötzlich ein herrenloser schwarzer Hund um ihn rum, springt an ihm hoch und schlabbert ihn ab, und obwohl es nur ein Pudel und keine Französische Bulldogge ist, findet der Doktor ihn irgendwie cool und nimmt ihn mit ins Büro: »Okay. Ruhe jetzt, Hund! Ich muss das Neue Testament übersetzen, also Hopp oder Highway.« Aber da macht's PUFF und Mephisto steht vor ihm.

WUFF!

»Wer zum Teufel bist'n du?«

»Ja, äh … der Teufel.«

»Ernsthaft?«

»Na klar, mit mir kannste dich auf Teufel komm raus amüsieren.«

»Echt?«

»Ja, klar. Du kriegst das beste Entertainment aller Zeiten und zahlst hinterher einfach mit deiner Seele.«

»Wenn du das hinkriegst, also wenn ich zum Au-

PUFF!

genblick sag: ›Verweile doch, du bist so schön‹, dann is Schluss und du kriegst meine Seele.«

»Also dann, einmal mit Blut unterschreiben, und pack' die Badehose ein!«

Und während Faust die Badehose einpackt, berät Mephisto schnell noch einen Studenten. »Sorry, ich bin Ersti und völlig orientierungslos. Was soll ich 'n studieren?« – »Werd' einfach Arzt! Jetzt nicht zum Heilen – das ist Glückssache –, aber als Schönheitschirurg triffste Frauen und schefelst Kohle.«

»Cool!«

DER BEGINN EINER WUNDERBAREN FREUNDSCHAFT – ABER NACH DER ERDGEISTNUMMER HÄTTE FAUST SICH WAHRSCHEINLICH ÜBER JEDEN ÜBERNATÜRLICHEN GAST GEFREUT, DER ZU BESUCH KOMMT.

GOETHE HATTE SELBER MAL 'N BISSCHEN ERFOLGLOS JURA IN LEIPZIG STUDIERT, DESHALB DARF MAN ANNEHMEN, DASS ER DIE FREIZEITAKTIVITÄTEN DER DORTIGEN STUDENTEN VÖLLIG REALISTISCH SCHILDERT.

Dann düsen Faust, seine Badehose und Mephisto mit einem Zaubermantel ab, um die beste Unterhaltung zu finden, die man für 'ne Seele kriegen kann, und landen überraschenderweise in einer Studentenkneipe in Leipzig, genannt Auerbachs Keller. Da sitzen ein paar halbbesoffene, halbdebile Studenten, die ein bisschen fremdenfeindlich sind, aber Mephisto zaubert Alkohol herbei. Es wird gesungen, und schließlich massakrieren sich alle gemütlich. Wie das so ist, in Kellerkneipen in Leipzig.

Die nächste Station von »Mephisto-Tours« ist eine Hexenküche, in der Mephisto ein gerngesehener Gast ist, wahrscheinlich schaut er deshalb so jugendlich aus, der hat ja sicher auch schon ein paar tausend Jahre auf dem Buckel. Jedenfalls sagt er zur Hexe: »Hey, Babe! Einmal den Hormoncocktail Nr. 1, bitte!«

Und sie so: »Bitte schön.«

Und Faust so: »Muss ich das echt trinken?«

»Ja, klar.«

PLOPP

Und kaum hat er das Wundermittel geext, macht es PLOPP. Und Mephisto so: »Wow! Du bist total verjüngt!« Der Trank hat Faust nicht nur ungefähr hundert Jahre jünger gemacht, sondern auch ein paar Drüsen angeregt, die vorher wohl abgestorben waren: »Wer is 'n die geile Chica in dem Zauberspiegel da?«

»Das ist die Helena.«

»Fischer?«

»HelenA von Troja, das Supermodel der Antike.«

»Ach so.«

Die steht (jedenfalls im ersten Teil der Tragödie) leider nicht zur Verfügung, dafür aber eine junge Frau, die fast genauso scharf aussieht: Gretchen. Die läuft Faust direkt anschließend in einer Kleinstadt über den Weg; und er denkt sich offenbar, dass er so 'ne Provinzschönheit einfach auf offener Straße aufreißen kann:

»Schönes Fräulein, darf ich's wagen ...«

»Nö.«

SCHÖNES FRÄULEIN, DARF ICH'S WAGEN ...?

Eiskalt lässt sie ihn abperlen und ärgert sich anschließend den ganzen Nachmittag darüber. Schlecht sieht er ja schließlich nicht aus, und Verehrer, die das Wort Fräulein in den Mund nehmen, wachsen in deutschen Kleinstädten auch nicht auf Bäumen. Faust bleibt völlig verstrahlt zurück und stammelt:

»Mephisto! Besorg mir die Frau!«

»Ja, bin ich Jesus, oder was?«

»Ham wir 'n Deal, oder ham wir keinen Deal?«

»Ja, schon, aber ...«

»Dann mach jetzt deinen Job, zum Teufel.«

Und völlig selbstverständlich beginnen der frischgeliftete Faust und sein schmieriger Dienstleister, Gretchen zu stalken. Sie steigen in ihr Schlafzimmer ein, schnüffeln an der Bettwäsche und lassen ein Schmuckkästchen da.

KAUM SIND DIE GEBRAUCHSSPUREN PER ÜBERNATÜRLICHEN LIFTING BESEITIGT, GLAUBT FAUST AUCH SCHON, ER KÖNNTE JEDE KRIEGEN. WAS STIMMT, ABER GRETCHEN WILL'S IHM NATÜRLICH NICHT SOOO LEICHT MACHEN.

Gretchen ist völlig geflasht: »Boah, wassn das? Krass! Mama, guck ma!« Voller Begeisterung trägt sie's zu Mama und lernt, dass das 'ne mittelgute Idee war, weil die es gleich beim Pfarrer abgibt. Denn Gretchens Mama hat einen Riecher für Satanismus, und das Kästchen ist halt vom Teufel befingert worden.

Faust lässt natürlich nicht locker, Mephisto muss ein neues Schmuckkästchen besorgen, und weil Gretchen nicht doof ist, trägt sie's diesmal zu ihrer Nachbarin Frau Marthe, die wesentlich unkomplizierter als

WIE DER VOLKSMUND WEISS, BEFÖRDERN KLEINE GESCHENKE DIE FREUNDSCHAFT, AUCH DIE FREUNDSCHAFT PLUS. SIEHE HIER: GESCHMEIDE. PRAKTISCHER FÜR GRETCHEN WÄR EIN ZALANDO-GUTSCHEIN GEWESEN, DEN SCHMUCK KANNSE JA NICHT ANZIEHEN, ABER AN SO WAS DENKEN MÄNNER HALT NICHT.

ihre Mutter ist. »Das kannste ruhig hier lassen.« Da klopft es an der Tür, und Mephisto schneit herein.

»Frau Marthe Schwerdtlein?«

»Äh, ja?«

»Ihr Mann ist tot und lässt sie grüßen.«

»Oh Gott, das ist ja schrecklich!

»Haben Sie heut Abend schon was vor?«

Frau Marthe ist von einer erfrischenden beziehungstechnischen Offenheit, die selbst Mephisto schockiert, und es kommt zum berühmtesten Doppeldate der Weltliteratur; Mephisto datet Frau Marthe, Gretchen trifft sich mit dem verjüngten Faust, und hey – es kommt zum ersten Kuss.

Während Gretchen total verliebt ist, hat Faust totalen Druck, deshalb reden sie beim nächsten Date natürlich über … Religion.

»Also, Heini, wie hast du's mit der Religion?«

»Ja, find ich super – übrigens hab ich hier mal so ein paar gaaaanz harmlose Tropfen organisiert. Die

sind völlig sicher, biologisch, geschmacks- und geruchlos. Davon gibste deiner Mutter 'n paar, dann kriegt die heut Nacht gar nichts mit … Na? Du willst es doch auch.«

Natürlich will sie, und sie verbringen die Nacht zusammen.

Hinterher hat Gretchen voll das schlechte Gewissen, zumal eine Freundin von ihr total über voreheliche Geschlechtsverkehr abläster. Aber das Stoßgebet danach hilft auch nichts, sie ist schwanger. Komischerweise bekommt ihr Bruder Valentin das sofort mit und will Faust zur Verantwortung ziehen.

»Boah, ich hab so 'n Hals, immer konnt' ich mit meiner Jungfrau von Schwester angeben, und jetzt ist die keine mehr. Hier, hast du meine Schwester geschwängert?«

»Wer, ich?«

»Ja, du.«

»Ja, schon.«

»Dann mach dein Testament!«

Und bei einem ganz unglücklichen Unfall mit einem scharfen Degen stirbt Valentin, was schon der zweiten Kollateralschaden in der Familie ist, denn Mama ist komischerweise nach den völlig harmlosen Tropfen auch nicht mehr aufgewacht.

Nach all dem Ärger machen Faust und Mephisto erst mal einen Wochenendausflug in den Harz über Walpurgisnacht. Dort herrscht totale Ballermann-Stimmung. Faust ist trotzdem deprimiert:

»Guck mal, die da hinten sieht aus wie Gretchen.«

»Komisch, für mich sehn alle Blondinen aus wie Brigitte Nielsen.«

Woraufhin sie eine Amateurtheatervorstellung angucken – was Männer auf Junggesellenabschieden halt so machen.

Am nächsten trüben Morgen (oder jedenfalls wenig später) wacht Faust mit 'nem Megakater auf 'nem Feld auf und ist ziemlich sauer auf Mephisto: »Du Arsch! Wieso erzählst 'n du mir nix von dem Zeitsprung? Bring mich sofort zu Gretchen in den Kerker. Ich will die retten!« Zeitsprung? Und wieso ist Gretchen jetzt im Kerker? Na ja, sie hat in der Zwischenzeit ihr Kind zur Welt gebracht und anschließend getötet, weshalb sie zum Tode verurteilt wurde und jetzt in der Todeszelle auf die Hinrichtung wartet. Faust eilt zu ihr und ist drauf und dran, sie zu retten, da sieht sie Mephisto: »Nee! Mit dem nicht, da werd' ich lieber verrückt.« Und sie wird verrückt. Es hilft keine Überredung mehr, der Morgen dämmert und Faust rettet jetzt lieber mal seinen eigenen Arsch, während Gretchen hingerichtet wird. Immerhin aber erklärt eine Stimme von oben: »Hey, alles is cool, sie is gerettet!«

Unterm Strich

Man kann über JoWo Goethe sagen, was man will, aber der war schon echt ein Fuchs. Dass FAUST so ein durchschlagender Erfolg wurde, dass sich heute noch jeder Gymnasiast damit rumschlagen muss, hat mit seinem Gespür für den richtigen Storymix zu tun: Erst mal stellt er uns einen alten Knacker mit intellektuellen Luxusproblemen als Versuchskaninchen für die Dunkle Seite vor, und man denkt so: »What the fuck?« Aber dann kommt Mephisto, der den Rest des Stücks über für Stimmung sorgt, denn was könnte mehr Spaß machen, als lustig Leute zu manipulieren? – Okay, Sex. Stimmt. Und BÄNG, kommt auch schon die Gretchenstory, inklusive Verführung, Romantik, Schmuddelecke und der Nachbarin Frau Marthe, die selbst dem Teufel mit ihrer handfesten Beziehungspragmatik ein bisschen Angst macht. Bei aller Schadenfreude, vor allem über Uni-Nerds (der alte Faust, Wagner, der Schüler, die Leipziger Studenten), hat die Geschichte natürlich auch eine ernste Seite, nämlich die Tatsache, dass Faust Gretchen benutzt und dann sitzenlässt. Vielleicht ist er anfangs in sie verliebt, aber seine Verdrängungsfähigkeit ist schon enorm, und der schlappe Befreiungsversuch aus dem Kerker bestenfalls ein Gewissensreflex. So kippt die Stimmung im letzten Drittel des Stücks wieder und wird wirklich zu einer Tragödie, aber zu Gretchens Tragödie. Wenn man's so sieht, dass es hier um einen Typen geht, der rücksichtslos sein Ding durchzieht und sich auf Teufel komm raus amüsiert, wobei eine junge Frau und ihre gesamte Familie unter die Räder kommen, hat das Stück ziemlich viel mit heute zu tun. Ach ja: Macht das nicht zu Hause nach, außer der Geisterbeschwörung, die ist okay.

IN DER KLEINEN FAMILIE SAMSA BRICHT
PANIK AUS, DENN DER HAUPTVERDIENER
GREGOR HAT VERSCHLAFEN. WAS SIE NOCH
NICHT WISSEN: DAS LETZTE BIER MUSS
SCHLECHT GEWESEN SEIN.

Eigentlich kennt das jeder: Man wacht morgens mit einem ganz komischen Geschmack im Mund auf, die Körperfunktionen gehorchen einem nur widerwillig, und man hat ziemliche Angst davor, die Augen aufzumachen. Es ist also eine Alltagserfahrung, die uns Franz Kafka in seiner Erzählung DIE VERWANDLUNG serviert – allerdings mit gruseligen Zutaten. Der Aufwacher, der sich im Verlauf der Geschichte zum Zuhausebleiber entwickelt, ist Gregor Samsa. Er ist der Hauptverdiener seiner kleinen Familie, zu der außerdem noch sein alter Papa gehört, der seine Firma gegen die Wand gefahren hat (vielleicht ist er deshalb auch nicht besonders nett), seine Mutti, die alt und asthmatisch ist (dafür aber nett), und seine Schwester Grete, die jung und musikalisch ist (und deshalb natürlich erst mal nett). Dann lernen wir noch den Prokuristen von Gregors Firma kennen, der ganz und gar nicht nett ist; außerdem hat die Familie zunächst ein nervenschwaches Dienstmädchen, später eine »Bedienerin«, halt so 'n richtigen Besen. Und als die Kohle knapp wird, gibt es schließlich noch drei Zimmerherren, also Untermieter, alle mit furchteinflößenden Hipsterbärten.

Wie alle schrecklichen Dinge beginnt unsere Erzählung im Schlafzimmer, wo Gregor, an einem ganz normalen Arbeitstag aufwacht – nur hat er sich in ein »ungeheures Ungeziefer« verwandelt. Das ist nervig, es kommt aber noch schlimmer: Er hat auch noch verschlafen. Da so eine Verspätung im Raubtierkapitalismus schon mal die Kündigung bedeuten kann, nerven alle sofort; Mama wimmert an der Tür:

»Gregor, wolltest du nicht früh weg?«

»Alles okay, Mama.«

Papa wummert gegen die Tür: »Gregor!«

Und die Schwester: »Gregor, geht's dir gut?«

Aber Gregor hat erst mal alle Käferfüßchen voll mit dem Aufstehen zu tun, denn wenn so 'n Krabbeltier mal auf dem Rücken liegt, muss es stundenlang wippen, bevor's weitergeht. Dann klingelt es auch noch an der Wohnungstür.

Gregor hört, dass es der Prokurist seiner Firma ist, fällt vor Schreck aus dem Bett und stößt sich den Kopf. Das kriegt der unangenehme Vorgesetzte natürlich mit, und Papa drängelt:

»Gregor, der Herr Prokurist ist hier. Mach die Tür auf.«

Mutti nimmt ihn in Schutz: »Ihm ist nicht wohl.«

»Also kann der Herr Prokurist jetzt rein?«

»Nein!« Es folgt eine überraschte Stille, in die hinein sich der Prokurist entrüstet: »Hören Sie mal, Herr Samsa, Sie haben in letzter Zeit ein ganz schlechtes Commitment gezeigt, und der Chef hat den Verdacht, dass Sie vielleicht Geld unterschlagen haben.« Das regt jetzt wieder Gregor maßlos auf, und er erklärt, dass das alles Blödsinn ist und er sofort aufmachen wird, und alles, was rauskommt, ist: »Iiiiik, iiiik.«

OH.

DAS BLANKE ENTSETZEN SPIEGELT SICH IN DEN AUGEN DES PROKURISTEN, DER AUF DIESE WEISE WENIGSTENS EINMAL KRIEGT, WAS ER VERDIENT. GUT, PROKURISTEN HAM'S BEI KAFKA AUCH NICHT LEICHT, WOMÖGLICH KRIEGT DER HIER SPÄTER NOCH MAL EINEN PROZESS AUF DEN HALS ...

»Das war eine Tierstimme«, stellt der Prokurist angeekelt fest.

Papa schickt das Dienstmädchen, um Schlosser und Arzt zu holen, und Gregor schließt ganz emsig die Tür mit dem Maul auf. Als er das dann endlich geschafft hat, öffnet er freudig die Tür – und der sonst so vorlaute Prokurist sagt: »Oh.« Mutti wird ohnmächtig und Papi wütend. Gregor versucht noch, mit »Iiik, iiik, iiik« zu deeskalieren, aber das Prokuristenweichei ergreift die Flucht. Deshalb will Gregor hinter ihm her, bevor es zu spät ist. Da springt Mutti hilfeschreiend wieder auf (so ohnmächtig war sie dann wohl doch nicht), und Papa scheucht ihn wie 'n Löwenbändiger mit dem Spazierstock des Prokuristen und einer Zeitung in sein Zimmer zurück. Das Fiese dabei ist,

dass Gregor noch nicht rückwärtsfahren, äh, -krabbeln kann, deshalb dauert das ewig. Irgendwann hat er sich endlich umgedreht. Dann steckt er im Türrahmen

PAPI KANN DIE FAMILIE BERUHIGEN – ES GIBT NOCH FINANZIELLE RESERVEN. TROTZDEM SIND SIE ALLE EIN BISSCHEN UNWIRSCH, DASS SIE JETZT TATSÄCHLICH ARBEITEN MÜSSEN, WO SIE DOCH BISHER WUNDERBAR PARASITÄR AUF DEM RÜCKEN VON GREGOR GELEBT HABEN. ZIEMLICH UNVERSCHÄMT, DASS DER JETZT AUCH MAL PARASIT SEIN WILL.

fest, weil er zu breit ist, und ohne Rücksicht auf Verluste tritt ihn Papa in sein Zimmer und schließt die Tür.

Als er abends wieder aufwacht, hat Grete ihm eine Schale Milch mit Brotstücken hingestellt. Eigentlich hat er total Hunger, so 'ne Spontanmutation ist ja auch eher anstrengend, aber obwohl Milch eigentlich sein Lieblingsgetränk ist, findet er sein Fresschen widerwärtig. Vielleicht sind Käfer ja auch laktoseintolerant, und ihm hat's mal wieder keiner gesagt. Am nächsten Morgen findet die Schwester dann mit Hilfe einer kleinen Versuchsreihe raus, dass alter Käse und schimmliges Gemüse jetzt artgerechte Haltung für Gregor sind. Eine Sorge weniger für den Käfer, der davon allerdings noch genügend hat. Er fragt sich zum Beispiel, wie das jetzt mit dem Geld ist, weil er ja als Hauptverdiener ausfällt. Papi erzählt dem zweibeinigen Teil der Familie aber abends, dass es alles nicht so schlimm ist, also zumindest ist eine kleine Reserve vorhanden. Das wundert den Krabbler dann schon, denn bisher hat er quasi als Sklave geschuftet, um die Schulden vom Vater abzuzahlen, und wenn der jetzt doch noch Geld hat ... na ja. Immerhin nimmt sich Greg fest vor, seine nette und begabte Schwester an Weihnachten aufs Konservatorium zu schicken. Was dann wohl das Käferkonservatorium wird, wenn er nicht wieder zurückmorpht.

Und es spielt sich so 'ne Routine ein. Die Schwester versorgt ihn – also sie kommt rein, reißt das Fenster auf, weil's so stinkt, kehrt ganz schnell das alte Futter raus und stellt was Neues rein. Weil Grete immer noch total über ihn erschrickt, wenn sie ihn sieht, verkriecht er sich jetzt immer unter dem Kanapee und tarnt sich mit einer Decke. Die Mutter will ihn gern besuchen, aber Papa und Grete lassen sie nicht. Gregor wird mit der Zeit immer geschickter in der Käferfortbewegung, kann sogar links rückwärts einparken und fährt – äh, krabbelt an den Wänden und an der Decke

MUTTI BEI IHRER LIEBLINGSTÄTIGKEIT: OHNMÄCHTIG SEIN. IST ABER AUCH WIDERLICH, WENN PLÖTZLICH SO EIN MEGAKRABBLER PRIMA AN DER WAND LANG KLEBT.

rum. Deshalb kommt die Schwester auf die Idee, seinen Schreibtisch aus dem Zimmer rauszuschaffen, damit er mehr Platz hat. Im Eifer des Umräumgefechts mit Mutti sagt sie: »Ach komm, wir räumen alles andere auch raus.« Das aber findet Gregor gar nicht cool, denn dann wär ja gar nichts mehr von seiner menschlichen Existenz übrig. Deshalb klebt er sich auf ein Bild von einer schönen Dame an der Wand, das er in liebevoller Laubsägearbeit mit einem Sperrholzrahmen versehen hat. Als die Ausräumer dann wieder reinkommen, sieht Mutti ihn natürlich und tut das, was sie am besten kann: Sie fällt in Ohnmacht.

Gregor rennt ins Nebenzimmer, weil er irgendwie helfen will, aber dann kommt der Vater. Der tut auch das, was er am besten kann, nämlich ausrasten. Er jagt Greg und bewirft ihn mit Äpfeln. Eine von diesen Vitaminbomben trifft Gregor echt dumm am Rückenpanzer und bleibt zwischen zwei Chitinplatten hängen. Und weil er da nicht drankommt und das Geschoss rauspopeln kann, verrottet es langsam, was sauweh tut.

Mittlerweile arbeitet Papa als Bankdiener, Grete als Verkäuferin, und Mutti näht. Abends lassen sie immer die Tür zu Gregors Zimmer noch ein bisschen auf, damit er Papa beim Schlafen zugucken

kann. In Zeiten vor der Erfindung des Fernsehens galt das als unterhaltsam. Und weil alle arbeiten, haben sie jetzt nicht mehr so viel Zeit, sich ums Haustier zu kümmern, deswegen verdreckt Gregors Zimmer ziemlich. Eine neue alte Bedienerin wird angestellt, die sehr neugierig ist und Gregor entdeckt, aber keine Angst vor ihm hat: »Komm mal her, alter Mistkäfer!« Kann super mit Tieren umgehen, die Frau, man merkt's sofort. Wenn er dann beleidigt näher kommt, hebt sie einen Stuhl. Gregor hört fast auf zu essen, dafür gibt es jetzt drei neue Untermieter, sogenannte Zimmerherren, die durchgefüttert werden müssen. Deshalb werden sie abends im Wohnzimmer bedient, und weil der neue alte Hausbesen die Tür von Gregors Zimmer offen gelassen hat, kommt es eines Abends zum Eklat: Grete spielt Geige, und während die doofen Zimmerherren sich über sie lustig machen, wird Gregor magisch von der Musik angezogen. Er bewegt sich ins Zimmer rein – und plötzlich sehen ihn alle.

Der Vater drängt die Zimmerherren in ihr Zimmer, aber das Unglück ist natürlich schon passiert: »Wir kündigen, und zahlen tun wir auch nix, seien Sie froh, wenn wir Ihnen nicht das Gesundheitsamt auf den Hals hetzen!« Grete ist empört – allerdings eher über den Käfer als über die Mieter:

»So kann das nicht weitergehen. Wir müssen es loswerden.«

Papa ruft laut: »Stimmt.«

Mutti ruft laut: »Hust, hust, hust.«

Und grausam wiederholt die Schwester: »Es muss weg.«

Gregor dreht sich mühevoll um – er ist ganz schwach – und kriecht in sein Zimmer.

> **AUCH STARKE MÄNNER MIT BÄRTEN HABEN OFT ANGST VOR KLEINEN UND NICHT GANZ SO KLEINEN KRABBELTIEREN. DIE ZIMMERHERREN GEHEN IN DEN TILT, ALS SIE GREGOR KENNENLERNEN DÜRFEN.**

MIT DEM UNBESTECHLICHEN BLICK
EINER GEBORENEN PUTZFRAU STELLT
DER SAMSASCHE HAUSBESEN FEST:
»ES IST KREPIERT! HALLELUJA!«

Als die Bedienerin am nächsten Morgen in sein Zimmer kommt, liegt er ganz platt auf dem Boden. Sie stupst ihn an und weckt die Wohnung mit dem Freudenschrei: »Es ist krepiert!« Hocherfreut schmeißt der alte Samsa erst die Zimmerherren und dann die Bedienerin raus, obwohl sie das Ungeziefer entsorgt hat. Dann macht sich die Familie endlich mal wieder einen schönen, sorgenfreien Tag. Sie fahren mit der Straßenbahn ins Grüne und denken darüber nach, dass sie Grete einen Mann besorgen müssen, denn erstens ist sie im richtigen Alter, und zweitens muss ja jetzt ein neuer Hauptverdiener her.

Unterm Strich

Blut ist dicker als Wasser, sagt man gern. Und meint damit, dass man sich auf die Familie verlassen kann, wenn's hart auf hart kommt. Na ja, Kafka ist offenbar anderer Meinung. Solange Gregor als Arbeitstier funktioniert hat, wurde er offenbar okay behandelt, aber kaum fällt er aus, kann er froh sein, wenn er nicht mit Tritten, Schlägen und Wurfgeschossen malträtiert wird. Es herrscht wenig Liebe in dieser Familie – Papa hat sowieso keine (das galt wohl für Kafkas Dad auch), Mutti kann nur eins, nämlich umkippen, und Grete lässt langsam, aber sicher das nette Schwesterchen hinter sich und begibt sich auf einen Egotrip, der die Eltern stolz macht. Man hat's nicht leicht, so als Familie im Kapitalismus, und wenn dann auch noch einer pflegebedürftig wird – Gott sei Dank macht das Leben als Riesenkäfer jetzt auch nicht unendlich Laune, deshalb schnallt Gregor irgendwann, was für alle das Beste ist: Er stirbt.

Georg Büchner

WOYZECK

KLAR, WENN EINER SO 'N TOLLEN TAKTSTOCK
HAT WIE DER TAMBOURMAJOR, STEHEN DIE
FRAUEN NATÜRLICH AUF IHN. ALSO JEDENFALLS
MARIE. WAS JETZT NICHT UNBEDINGT EIN
ZEICHEN VON OBERFLÄCHLICHKEIT IST,
SONDERN VIELLEICHT EINFACH DIE SEHNSUCHT
NACH NORMALITÄT.

Wir haben es schon immer gewusst, oder? Diese Low-Carb-Diäten KÖNNEN auf die Dauer nicht gut sein. Es ist bestimmt kein Zufall, dass der kleine Soldat Friedrich Johann Franz Woyzeck erst monatelang als Versuchskaninchen seines Doktors ausschließlich Hülsenfrüchte mümmelt und anschließend verrückt wird. Er tut das natürlich nicht freiwillig, sondern weil er dringend Kohle für das uneheliche Kind braucht, das er mit Marie hat. Die betrachtet das offenbar als Ausrutscher, jedenfalls ist sie jetzt nicht mehr so sehr an Woyzeck interessiert und schaut sich anderweitig um, zum Beispiel nach dem Tambourmajor. Der ist zwar auch kein hohes Tier, aber er hat als Dirigent der Regimentsmusik ganz viel Lametta. Der Vorgesetzte von Woyzeck ist der Hauptmann, den er immer rasiert – natürlich macht er das, um sich was dazuzuverdienen. Wie die meisten Figuren bei Büchner, ist Woyzeck schlichtweg ein bisschen bekloppt, was

aber natürlich völlig realistisch ist. Ebenso übrigens der Doktor, der die Experimente mit Woyzeck veranstaltet. Der Einzige im Stück, der so was wie ein Freund von Woyzeck ist, ist sein Kamerad Andres. Was allerdings nicht bedeutet, dass er ihm irgendwie helfen kann.

Bevor's losgeht, müssen wir noch erwähnen, dass WOYZECK unter anderem deshalb so erfolgreich ist, weil es ein Do-it-yourself-Drama ist. Büchner ist mit traurigen 23 Jahren gestorben, deshalb hinterließ er WOYZECK als Fragment. Das hat den großen Vorteil, dass keiner ein schlechtes Gewissen haben muss, wenn er die Szenen einfach mal so arrangiert, wie's ihm gerade passt. Aber meine Version ist natürlich die richtige.

Los geht's auf dem Rummelplatz, den Woyzeck zusammen mit Marie besucht. Während Woyzeck Bekanntschaft mit einem Primatenkollegen macht, wird Marie vom Tambourmajor abgecheckt, und möglicherweise bekommt sie das auch mit. Jedenfalls schmachtet sie bei nächster Gelegenheit (nämlich bei einer Militärparade) zurück, aber erst mal kommt nur Woyzeck vorbei, der sein Kind sehen will und Geld bringt. Außerdem murmelt er in seinen Bart: »Es war wieder was.« – Nämlich seine Halluzinationen.

»DER AFF IST SCHON EIN SOLDAT«, SAGT DER BUDENBESITZER AUF DEM RUMMEL, WAS VERMUTLICH ALS BELEIDIGUNG FÜR DEN AFFEN GEMEINT IST. JEDENFALLS WERDEN SIE BEIDE DRESSIERT, GESCHLAGEN UND BEKOMMEN NUR DANN 'NE BANANE, WENN IHR VORGESETZTER GUT DRAUF IST.

Wie die aussehen, erfah-
ren wir, als Woyzeck und
Andres wenig später Stöcke
für den Hauptmann schnei-
den müssen, wahrscheinlich,
damit er sie auf dem Rücken von
Rekruten kaputtschlagen kann:

»Da! Haste gehört?«

»Nee. Was?«

»Stimmen. Das sind die Freimau-
rer. – Oder, da!«

»Was?«

»Dieses ganze Licht am Himmel.«

Andres steht Woyzecks Verhalten ein
bisschen hilflos gegenüber: »Soll ich dir das
Lied mit den Hasen noch mal singen?« Was
nett gemeint ist, aber bei Schizophrenie leider
nur mittelgut hilft.

**ER IST ETWAS SCHRÄG INS LEBEN GEBAUT:
DIE REALITÄT ENTGLEITET WOYZECK, ER HÖRT
STIMMEN, SIEHT LICHTER UND DIE »DOPPELTE
NATUR« – UND HAT LEIDER WEDER WAS GERAUCHT
NOCH GETRUNKEN.**

Der Hauptmann, den er rasiert, hat vielleicht auch ein bisschen Angst, dass eine von Woyzecks Stimmen mal »Murks ihn ab!« sagen könnte. Jedenfalls bremst er Woyzeck ununterbrochen: »Langsam, hübsch langsam!« – »Jawollherrhauptmann!« Und dann verarscht er Woyzeck so 'n bisschen zum Spaß und hackt auf ihm herum, weil er 'n uneheliches Kind hat. Der erwidert nur: »So 'ne Moral muss man sich auch erst mal leisten können.« – »Na, na, na. Schön langsam, gell? Bist ein Guter.« Man hat immer ein bisschen den Eindruck, dass der Hauptmann mit einem Hund redet.

Als Woyzeck seiner Marie das nächste Mal Geld vorbeibringt, versucht sie, etwas vor ihm zu verstecken:

»Was hast 'n du da?«

»Nix.«

»Glitzert aber.«

»Ohrringe. Hab ich gefunden.«

»Zwei auf einmal?«

»Ey, was willst du, Alter?«

»Schon gut.«

Und er stellt fest, dass sogar sein Kind schon im Schlaf schwitzen muss, genauso wie er sich immer abrackert. Wenigstens hat Marie ein schlechtes Gewissen. Die Ohrringe hat sie vermutlich vom Tambourmajor.

Bei seinem nächsten Nebenjob hat Woyzeck schon wieder Ärger. Er soll beim Doktor eigentlich 'ne Urinprobe abgeben, kann aber nicht. Der Arzt ärgert sich maßlos, weil er Woyzeck vorhin dabei erwischte, wie er gegen eine Hauswand gepinkelt hat, aber das lässt die Quelle auch nicht sprudeln. Stattdessen phantasiert Woyzeck: »Ham Sie eigentlich mal die doppelte Natur gesehen? Licht – Feuer – Stimmen!« Und der Doktor kriegt einen halben Orgasmus, denn einen echten Irren zu untersuchen, ist für ihn natürlich noch schöner als eine Urinprobe.

Die Geschichte zwischen Marie und dem Tambourmajor läuft immer weiter. Er hängt bei ihr zu Hause ab und stellt sich dabei als totaler Poser raus. Nach dem Posen will er aber doch noch mehr. Marie wehrt sich

KLAR HAT MARIE EIN SCHLECHTES GEWISSEN, DENN WOYZECK HAT OFFENSICHTLICH NOCH NICHT GESCHNALLT, DASS SIE IHREN BEZIEHUNGSSTATUS AUF »ES IST KOMPLIZIERT« GESTELLT HAT. DESHALB ZICKT SIE AUCH EIN BISSCHEN RUM, ALS DER TAMBOURMAJOR FUMMELN WILL. ABER NUR KURZ.

zuerst, aber als er sie »Wild Tier!« nennt und so bändigt, kapituliert sie.

Diese Affäre hat sich offenbar schnell herumgesprochen und bietet für den Hauptmann und den Doktor großen Unterhaltungswert. Sie hören jedenfalls auf, sich gegenseitig zu dissen, als ihnen Woyzeck auf der Straße begegnet, und provozieren ihn: »Na, Woyzeck, ist die Frau treu? Schon mal 'n Haar in der Suppe gefunden? Von 'nem Soldatenbart?« Dieser Gedanke ist so verstörend für den kleinen Soldaten, dass er sogar für einen Augenblick gewalttätig gegenüber seinem Hauptmann wird.

Zunächst bemüht er sich noch vergeblich, Marie ihre Untreue anzusehen, aber wenig später ist eh alles öffentlich, sie tanzt nämlich mit dem Tambourmajor im Wirtshaus. Woyzeck sieht das und wird immer wahnsinniger, das heißt, die Stimmen in seinem Kopf werden immer lauter: »Was? Ich soll sie erstechen? Na, okay.« Passend zum Chaos in Woyzecks Kopf hält dann ein besoffener Handwerksgeselle eine nihilistische Predigt (das war zur Entstehungszeit natürlich krass provokant), und Woyzeck versucht noch mal nachts mit Andres zu reden, aber der kann ihm nur raten, er soll doch ins Lazarett gehen und Pulver trinken. Im Zweifelsfall wäre das Lied mit den Hasen hier hilfreicher gewesen.

Jedenfalls stellt sich Woyzeck dann seinem Rivalen im Wirtshaus. Der ist aber nicht nur schicker, sondern auch stärker als der kleine Soldat, so dass dieser nach einer heftigen, aber kurzen Auseinandersetzung blutend am Boden sitzt und »Eins nach dem anderen«

EINS NACH DEM ANDEREN.

murmelt. Woyzeck kauft ein Messer und macht sein Testament. Marie versucht es währenddessen mal mit ein bisschen Buße, indem sie in der Bibel liest: »Und sündige hinfort nicht mehr.« Das findet sie aber unsexy, also bleibt sie lieber beim Sündigen, beziehungsweise hört sich an, wie die Großmutter einigen Kindern aus der Nachbarschaft ein Märchen erzählt:

»Es war einmal ein einsames kleines Mädchen, das ging zum Mond, aber der war Müll, und zur Sonne, aber die war Kompost, und zu den Sternen, aber die waren tote Tiere. Da war es noch alleiner und weinte. Ende.« Wahrscheinlich verstrahlt von so viel Nihilis-

mus, geht Marie willenlos mit, als Woyzeck einen Spaziergang mit ihr machen will. Zwar fängt er noch ein Beziehungsgespräch an, aber dann sticht er sie ohne Vorwarnung ab.

Im Wirtshaus versucht Woyzeck anschließend, sein schlechtes Gewissen zu ertränken, er fällt aber auf, und es treibt ihn zum Tatort zurück. Als er die Tatwaffe tiefer in einen Teich werfen will, begeht er möglicherweise bei der Gelegenheit auch gleich Selbstmord. Jedenfalls bekommt die Stadtgesellschaft kurz darauf mit, was passiert ist, und alle rennen als Katastrophentouristen zum Tatort, nach dem Motto: »Ein guter Mord, ein schöner Mord, wir haben schon lange so keinen gehabt.«

DAS WAREN NOCH ZEITEN, ALS DIE KATASTROPHENTOURISTEN EINFACH ZU FUSS ZUM UNFALLORT GELAUFEN SIND UND NICHT DURCH IHRE SMARTPHONES GESCHAUT HABEN. NA JA, HEUTZUTAGE GIBT'S DAFÜR JA FACEBOOK.

Unterm Strich

Büchner ist so gnadenlos wie kaum ein anderer Autor seiner Zeit. Mit wissenschaftlicher Genauigkeit seziert er in WOYZECK den Zusammenhang von Armut, Ausbeutung, emotionaler Gewalt und psychischer Krankheit. Dass die Hauptfigur auf dem Schicksal eines realen Friseurs basiert, der einige Jahre zuvor in Leipzig hingerichtet wurde, ist fast nebensächlich, denn gerade das Unfertige an dem Fragment gebliebenen Text macht ihn wahnsinnig realistisch. Nicht nur der Text, auch die Seele, ja die Welt hängt bei Büchner in Fetzen – ein echt moderner Autor.

E. T. A. Hoffmann

DER SANDMANN

Kinder sind was Wunderbares, aber irgendwann im Laufe des Tages wollen die Erwachsenen auch mal ihre Ruhe haben. Ein früher Trick, den geplagte Eltern zu diesem Zweck erfanden, war der Auftritt des Sandmanns. Nein, nicht »-männchen«, sondern »-mann«. Der erzählt auch nicht irgendwelche weichgespülten Knetfigurenanimationsgeschichten: Der Original-Sandmann hat's in sich. Als Ernst Theodor Amadeus Hoffmann ihn 1816 für sein gleichnamiges Kunstmärchen erfand, galt der Rohrstock noch als fortschrittliches Erziehungsmittel, und das spürt man auch im Verlauf der Geschichte. Derjenige, der den Psycho-Rohrstock vor allem zu spüren bekommt, ist Nathanael. In ihm bricht das eine oder andere Kindheitstrauma auf, während er einfach nur friedlich studieren will. Dazu ist er zum ersten Mal von Clara, seiner Pflegeschwester und Verlobten, getrennt, einer fast schon verdächtig vernünftigen jungen Frau. Nathanaels bester Freund ist Lothar, Claras

Bruder, und diese beiden Pflegegeschwister leben bei Nathanaels Mutter. Der Vater ist leider schon tot, weil er sich unvorsichtigerweise etwas zu oft dem kinderfeindlichen Advokaten Coppelius ausgesetzt hat. Dieser Coppelius hat einen merkwürdigen Doppelgänger, den »Wetterglashändler« Coppola. Wettergläser sind Thermometer. Er verkauft aber auch noch andere optische Geräte wie Fernrohre, damals »Perspektiv« genannt. Wahrscheinlich lief das alles nicht so gut, und Coppola ging dann in die USA, wo seine Nachfahren mal berühmte Filmregisseure werden sollten. Na ja, jedenfalls studiert Nathanael bei dem berühmten Physiker Professor Spalanzani, der eine Traumfrau von einer Tochter hat. Sie heißt Olimpia und ist deshalb so traumhaft, weil sie wunderschön und nicht gesprächig ist.

Das Kunstmärchen beginnt mit einem Brief, den Nathanael von seinem Studienort an seinen Freund Lothar zu Hause schreibt und in dem er schildert, dass

MEISTENS FREUEN SICH ERSTIS JA, DASS SIE ENDLICH VON ZU HAUSE WEG SIND, SO LANGE PARTY MACHEN UND SO VIEL GRAS RAUCHEN KÖNNEN, WIE SIE WOLLEN – ABER BEI NATHANAEL HAT MAN EIN BISSCHEN DAS GEFÜHL, DASS EIN FRÜHKINDLICHES TRAUMA WIE EIN ALIEN DURCH DIE BAUCHDECKE WILL.

er gerade beinahe ausgetickt wäre: »Ich meine, stell dir vor, da kommt dieser Wetterglasverkäufer einfach so in mein Zimmer – ich hasse ungebetene Werbeanrufe – und labert so unverständliches Zeug: ›Sköne Oke, sköne Oke!‹ – der sah genau aus wie der diabolische Advokat Coppelius! Es hat 'n Moment gedauert, bis ich geschnallt hab, dass ›sköne Oke‹ ›schöne Augen‹ bedeuten soll, weil er auch Brillen verkaufte – aber ich hab ihn angebrüllt, bis er endlich verschwunden ist. Klingt vielleicht 'n bisschen extrem, aber du musst die Vorgeschichte aus meiner Kindheit hören ...« Und damit beginnt eine längere Rückblende, in der Nathi erzählt, dass sein Vater immer sehr nett zu seinen Kindern war, aber an manchen Tagen war er total down, und dann mussten sie unbedingt vor neun ins Bett. Und Mutti nannte als Grund: »Weil jetzt der Sandmann kommt.«

DER LIEBE PAPI IST VOR LAUTER SENTIMENTA-
LITÄT SCHON GANZ ANGEGILBT. DER WAR EIN
GANZ NETTER, ABER ER HAT LEIDER DEN TEUFEL
INS HAUS GELASSEN.

Und dann hörten sie auch immer schwere Schrit-
te und hatten total Angst.

»Mama, wer ist denn dieser Sandmann?«

»Das war nur so 'ne pädagogische Erfindung von
mir, den gibt's eigentlich gar nicht.« –

Aber jetzt war der Psycho-Abzug schon gezogen
und die Phantasie der Kinder lief Amok, befeuert von
einer alten Kinderfrau, die grausame Details zu dem
Sandmonster lieferte:

»Der sandstrahlt den Kindern die Augen, bis das
Blut spritzt, und dann nimmt er sie mit und verfüttert
sie an seine Jungen, die ein Nest im Mond haben!«
Da der junge Nathi offenbar sehr phantasiebegabt

ERZIEHERIN IST HALT
AUCH EIN BERUF, UND
WENN MAN IRGEND-
WELCHE AMMEN IHRE
FREESTYLE-PÄDAGOGIK
AN DEN KINDERN
AUSTOBEN LÄSST,
DARF MAN SICH ÜBER
FOLGESCHÄDEN NICHT
WUNDERN ...

DER DIABOLISCHE SANDVOKAT COPPELIUS SCHRAUBT AM KINDERKÖRPER VON NATHANAEL RUM – DAS WAR MINDESTENS SEELISCHER MISSBRAUCH.

war, schlich er sich an einem der Sandmann-Abende ins Zimmer von seinem Vater und versteckte sich. Der Sandmann kam – und es war der böse Advokat Coppelius, der die Kinder schon immer total ärgerte. Gemeinsam mit dem Vater führte er dubiose Experimente durch, offenbar bauten sie künstliche Menschen. Im Schein eines geheimnisvollen Schmiedefeuers konnte Nathi augenlose Puppen erkennen – und quietschte. Der Sadist Coppelius hätte ihm zur Strafe gern die Augen ausgebaut, aber sein Vater bettelte um Gnade. Also schraubte Coppelius ihm nur Hände und Füße ab und vertauschte sie – einfach so zum Spaß. Möglicherweise hat er bei diesem Auseinandernehmen irgendwelche Schräubchen vergessen wiedereinzusetzen, jedenfalls war Nathi von diesem Zeitpunkt an völlig traumatisiert. Was mal wieder ein Argument dafür ist, dass man Kindern nicht die Wahrheit sagen sollte. Einige Zeit hatte die Familie ihre Ruhe vor dem Sandvokaten, dann tauchte er wieder auf – und bei einer großen Explosion mitten in der Nacht starb der Vater. Coppelius wurde nie wiedergesehen – bis der ungebetene Wetterglasverkäufer in Nathanaels Zimmer schneite.

Völlig verstrahlt schreibt Nathanael seine Verlobte Clara statt Lothar als Empfängerin auf den Umschlag – und prompt liest sie den Brief natürlich erst mal, bevor sie ihn an ihren Bruder weitergibt. Ein bisschen macht sie sich schon Sorgen um ihren Verlobten, aber vor allem schreibt sie zurück: »Das

mit deinem Vater tut mir total leid, bestimmt hat er mit Coppelius so alchemistische Versuche gemacht, wobei es dann eine Explosion gab und er gestorben ist. Und jetzt kommt das durch diesen Vertreter alles wieder hoch, aber es ist bestimmt nur Einbildung. Also, werd' mal ein bisschen erwachsen, gell! Alles Liebe, Clara.« Männer werden ja in der Regel sehr ungemütlich, wenn eine Frau vernünftiger ist als sie selber (also quasi ständig), deshalb schreibt Nathanael jetzt, der Lothar soll mal dafür sorgen, dass seine Schwester nicht so rumpredigt. Zur Sicherheit fährt er aber selber nach Hause.

Dort wird Nathi immer depressiver und Clara kann den Coppelius-Quatsch irgendwann nicht mehr hören: »Jetzt reiß dich doch mal zusammen!« Nathi ist beleidigt, Clara ist gelangweilt, irgendwann kommt er dann aber auf 'ne neue Idee: »Ich hab ein Gedicht geschrieben: Du und ich / sind glücklich / Doch plötzlich / kommt 'ne schwarze Faust / vor der es uns graust / Stiehlt das Glück / und es gibt kein Zurück / Coppelius wirft deine Augen / wie Funken auf mein Herz / Ich pack ihn und wir drehn uns in 'nem Feuerkreis.« – »Das reimt sich ja gar nicht, also stimmt's auch nicht, ich hab meine Augen nämlich noch. Jetzt schmeiß den Blödsinn mal ins Feuer.« Und voller Entrüstung bricht's aus ihm heraus: »Du – du lebloser, verdammter Automat.« Und sie rennt heulend weg.

Lothar stellt seinen Freund zur Rede:

»Hier, wieso warst 'n du so gemein zu Clara?«

»Fang du nicht auch noch an!«

Ein Wort gibt das andere, bis sie sich unbedingt duellieren müssen. Sie haben die Klingen schon in der Hand, da geht Clara dazwischen: »Killt mich zuerst! Wie soll ich denn ohne einen von euch beiden leben?« Und sie weinen ein bisschen zusammen und versöhnen sich.

Nathanael geht wieder studieren und stellt fest, dass er 'ne neue Studentenbude hat, weil seine alte abge-

KLAR, EIN DUELL IST EIGENTLICH AUCH KEINE LÖSUNG, ABER MAN HAT WENIGSTENS DAS GEFÜHL, WAS GEMACHT ZU HABEN.

ACH.

OLIMPIA, DIE TRAUMFRAU. SCHON INTERESSANT, DASS NATHANAEL ES LÄNGER ALS EIN PAAR STUNDEN MIT IHR AUSHÄLT. ABER ER HAT JA SEIT SEINER KINDHEIT SO 'N DING MIT PUPPEN. HEUTZUTAGE WÜRDE ER SICH WAHRSCHEINLICH EINE REAL-LIFE-PUPPE BEI AMAZON BESTELLEN UND ALLES WÄR' GUT.

brannt ist. Das neue Zimmer liegt direkt gegenüber vom Haus seines Professors Spalanzani, der eine unglaublich hübsche Tochter namens Olimpia hat, die immer nur in ihrem Zimmer hockt. Als der unheimliche Vertreter wieder im Raum steht (»Wolle Fernrohr kaufe?«), kriegt Nathi zwar fast einen Herzinfarkt, kauft ihm aber eins ab, mit dem er jetzt immer die hübsche Olimpia ausspannt – und sich voll in sie verliebt.

Wenig später lädt der Professor die halbe Uni zu 'ner Riesenparty ein, bei der er Olimpia zum ersten Mal präsentiert. Nathanael tanzt mit ihr und sie fühlt sich sonderbar kalt an, aber er ist trotzdem völlig verrückt nach ihr. Seine Kumpels finden sie ja total mechanisch und lachen hinter ihrem Rücken über sie, aber ihm macht das gar nichts aus. Er hängt stundenlang bei ihr rum, erzählt ihr Zeug oder liest ihr was vor, und sie sagt: »Ach.« Klingt jedenfalls entspannter als

die besserwisserische Clara. Die hat er komplett vergessen, so dass er Olimpia einen Heiratsantrag machen will, aber als er in Spalanzanis Haus läuft, wird er Zeuge eines Streits zwischen Spalanzani und Coppola: Der Professor zerrt am Kopfende und der Vertreter am Fußende einer Puppe – die niemand anders als Olimpia ist, wenn auch mit ohne Augen. Coppola entreißt dem Professor die Puppe und haut damit ab, und Spalanzani brüllt jetzt, Nathi soll ihn, den er jetzt Coppelius nennt, verfolgen, weil er ihm diesen Roboter, an dem er zwanzig Jahre gearbeitet hat, klaut. Er bewirft ihn sogar mit Olimpias blutigen Augen – aber Nathi wird jetzt verrückt, geht dem Professor an den Hals und brüllt: »Holzpüppchen, dreh dich! Feuerkreis, dreh dich!« Glücklicherweise kommen Leute dazu, die den Mord verhindern und Nathi in die Klapse bringen.

Einige Zeit später ist Nathanael wieder zu Hause und ganz gesund. Er beschließt jetzt, Clara zu heiraten und mit ihr aufs Land zu ziehen. Und um Abschied von der Stadt zu nehmen, wollen sie noch mal auf den Ratsturm steigen. Oben sagt Clara: »Ach guck mal – da kommt so 'n komischer grauer Busch auf uns zu.« Und Nathi nimmt sein Fernrohr, guckt durch und sieht – eine zweite Clara. Da wird er überraschenderweise wieder wahnsinnig und versucht, sie vom Turm zu schmeißen. Lothar kann sie gerade noch retten, da stürzt sich Nathanael mit den Worten »Sköne Oke!« selber runter. Und unten steht Coppelius und sieht ihn auftitschen.

TITSCH!

DIE AUGEN DES WAHNSINNS:
DIE VERSCHWÖRUNGSTHEORIE HAT GEWONNEN, NATHANAELS SICHERUNGEN SIND ENDGÜLTIG DURCHGEBRANNT, UND WEIL ER DIE VERMEINTLICHE PUPPE »CLARA« NICHT VOM TURM STÜRZEN KANN, STÜRZT ER SICH SELBER.

Unterm Strich

Doppelgänger, gefühllose Androiden, sadistische Advokaten – E. T. A. Hoffmann hat mit seinem Schauermärchen DER SANDMANN einen Volltreffer gelandet, dessen Füllung ein heutiger Hollywood-Drehbuchschreiber auf mindestens drei Blockbuster strecken würde. Gut hundert Jahre vor Freud liefert er einen bemerkenswerten Psychothriller, der das Räderwerk der Seele von kindlichen Traumata bis zu heimlichen Ängsten und sexuellen Wünschen voll ausschöpft. Aber seine vielleicht größte Leistung besteht darin, ein kinderabschreckendes Monster erfunden zu haben, das noch immer viele Mütter völlig geschockt zurücklässt, wenn sie zufällig auf YouTube PLAYMOBIL-Figuren und den Titel »Der Sandmann« sehen und nach erfolgtem Konsum völlig entrüstet posten: »Das ist gar nicht für Kinder!« Stimmt.

Der genetische Schwabe ist oft klar im Vorteil, beispielsweise, wenn es um die Erklärung des kryptischen Worts KABALE geht: »Kloines kakaohaltiges Heißgetränk für Kinderle.« Obwohl Schiller ein ziemlicher Schwabe war, ist das natürlich Quatsch. In Wahrheit heißt KABALE so viel wie INTRIGE, und genau darum geht's auch in dieser tödlichen Geschichte zwischen der bürgerlichen Luise Miller, die zwar 16, hübsch und klug, aber eben leider auch verliebt in Major Ferdinand von Walter ist. Der ist Anfang zwanzig und wahrscheinlich 'n Fan des schwulen Preußenkönigs Friedrich II., denn der hat auch gern die Querflöte geschwungen, jedenfalls will Ferdi bei Papa Miller das Flötenspiel erlernen. War halt 'n anderes Männerbild, damals. Denn Miller ist Stadtmusikant und hat sonst keine Kinder, dafür aber eine Frau, die gern Kaffee trinkt und rumspinnt. Ferdinand selber hat nur noch seinen Vater, aber der hat's in sich: Präsident von Walter ist Regierungschef des Herzogtums und damit rechte Hand des Fürsten, an dessen linke Hand sich normalerweise die Mätresse Lady Milford kuschelt. Dann gibt's noch Wurm, den Sekretär des Präsidenten, der seinem Namen rückgratlos und eklig alle Ehre macht, und schließlich Hofmarschall von Kalb, eine aufgetusste Hofschranze.

Miller ist sich leider sicher, dass das Märchen zwischen seiner Lulu und dem Major übel ausgehen wird, und beschließt deshalb, den jungen Mann rauszuschmeißen, was seine Frau höflich hinterfragt: »Spinnst du? Und wer bezahlt dann meinen Kaffee?« Der anstehende Ehekrach wird von Sekretär Wurm unterbrochen, der nur mal fragen wollte, wann er die bestellte Luise denn jetzt heiraten könnte, weil er das ja mit den Eltern abgemacht hat. Mutti Miller wird deutlich:

»Nix da, die wird jetzt was Besseres.«

»Was? Wir ham 'n Deal, Miller!«

Aber der findet das jetzt irgendwie auch ekelig, wie

MAN KANN SICH AUF NIX MEHR VERLASSEN: VOR KURZEM WAREN MILLERS NOCH FEUER UND FLAMME FÜR DIE IDEE, DASS DER SEKRETÄR WURM IHRE TOCHTER HEIRATET. JETZT IST ER SEHR ENTTÄUSCHT.

der Wurm sich da windet, und sagt: »Wenn Sie Lulu nicht rumkriegen, kann ich auch nix machen!« Und so kriecht der Wurm wütend ab. Als Töchterchen jetzt auftaucht, kriegt sie die ganze Angst von Papa zu spüren:

»Lulu, das wird nix mit dem Major.«

»Ja, ich weiß, aber im Himmel vielleicht!« Und bevor Papa noch diesen Fundamentalismus aus ihr rausprügeln kann, kommt der Major, und es entspinnt sich ein typischer Dialog zwischen Liebenden:

»Du bist blass, Luise? Geh doch mal ins Solarium!«

»Du bist so gut zu mir.«

»Liebst du mich noch?«

»Ja, aber man trennt uns.«

»Was? Wer?«

»Weiß ich jetzt auch nicht, aber du bist reich und adlig und ich bin nur jung und schön. Du bist schuld, wenn ich total unglücklich werde.«

Ja, es ist wunderbar, jung und verliebt zu sein.

Der beleidigte Wurm ist zu seinem Chef petzen gegangen, nämlich, dass Ferdi 'ne Bürgertussi heiraten will. Der bleibt erst mal ganz entspannt, aber weil er berufsmäßiger »Kabaloge« ist, will er den Vorwurf gleich mal testen, und sagt zum Hofmarschall:

»Ich hab eine tolle Neuigkeit, Kälbchen, mein Sohn heiratet die Lady Milford.«

»Wow! Gossip! Das muss ich gleich posten!«

Dann kommt Ferdi dazu und erfährt die frohe Botschaft:

»Du heiratest die Milford.«

»What the ... nein!«

Erst versucht er, sich mit seiner Ehre rauszureden, aber sein Papa findet die Wahrheit raus und kommandiert ihn zum Heiratsantragmachen zu Lady Mili.

Bei der Milford ist gerade der Brilli-Lieferservice:

»Hier, vom Herzog!«

»O, Glitzer! Das war bestimmt teuer.«

MEIN SOHN HEIRATET DIE LADY MILFORD.

»Nee, hat nix gekostet. Nur 7.000 Zwangsrekruten, die wir nach Amerika verkauft haben, inklusive meiner Söhne. Viel Spaß damit.«

»Waaaaa... das is ja widerlich!«

Denn die Mätresse hat offenbar ein sehr großes Herz, in dem viel Liebe ist, mit der sie jetzt gern Ferdi überschütten möchte. Der salutiert lustlos:

»Tach. Ich muss Sie heiraten.«

»Muss.«

»Ja, wollen tu ich nicht, Sie Dame aus dem horizontalen Gewerbe.«

»Frechdachs. Ich bin eine Waise und hab Karriere gemacht. Ich habe die Reichen beraubt und die Armen beschützt. So ist das.«

Das beeindruckt Ferdi, und plötzlich findet er sie total sexy, also für 'ne

UNTER ANDEREN UMSTÄNDEN VIELLEICHT EIN TRAUMPAAR: DER FESCHE FERDI UND DIE ERFAHRENE MILI – ÄH ... LADY MILFORD.

MILFord, und es knistert gehörig zwischen den beiden:

»Aber heiraten ist trotzdem nicht, weil ich schon verliebt bin.«

»Och, menno!«

Schockiert über sich selber macht sich Ferdi auf zu den Millers und kann die fiesen Heiratspläne und wohin sich sein Vater die stecken kann, gar nicht so schnell erzählen, da steht der Präsident auch schon in der millerschen Wohnküche und verbreitet eisige Stimmung. Besorgt erkundigt er sich bei Lulu: »Und, hat mein Sohn auch immer anständig gezahlt, oder machen Sie das als Hobby?« Miller platzt der Kragen, worauf der Präsident natürlich nur gewartet hat. Er will die ganze Bürgerkombo verhaften lassen, aber Ferdi tritt dazwischen: »Finger weg,

Papa, sonst leake ich, wie du dich hochgemordet hast.«

Dieses Spielverderbertum nimmt Papi seinem Ferdi ziemlich übel und heckt mit Wurm einen noch kabalischeren Plan aus: Sie bringen Hofmarschall von Kalb dazu, sich als heimlichen Lover von Lulu auszugeben. Zwischen Ferdi und Lulu hat der Zoff mit dem Präsidenten nicht zur Entspannung geführt. Ferdi will fliehen, würde sogar Lulus Eltern ins Handgepäck packen, aber Lulu so: »Du musst dich aber auch mit deinem Papa vertragen!« Und er ist jetzt völlig genervt: »Spinnst du? Hast du 'n anderen?« Beleidigt dampft er ab, was dazu führt, dass ihr auffällt, wie allein sie ist: »Häh? Wo sind 'n meine Eltern? Ha! Wurm!« Der steht plötzlich hinter ihr und klärt sie sehr freundlich darüber auf, dass Papa

FÜRSORGLICH WIE ER IST, ERKUNDIGT SICH FERDIS PAPA, OB SEIN SOHN DIE ERBRINGUNG KÖRPERLICHER DIENSTLEISTUNGEN VONSEITEN LULUS AUCH IMMER ANSTÄNDIG BEZAHLT HAT.

MEDIEN SIND GENERELL DIE PEST FÜR BEZIEHUNGEN. AUCH VOR DER ERFINDUNG DES SMARTPHONES HABEN BOTSCHAFTEN NICHTS ALS BLUT, SCHWEISS UND TRÄNEN VERURSACHT. BEWEISSTÜCK (A): EIN FAKE-BRIEF.

und Mama ganz unauffällig verhaftet worden sind und im Gefängnis verschimmeln werden, wenn sie nicht sofort mit der Stasi, also mit ihm, zusammenarbeiten und einen Brief schreibt. Weil ihr nix andres übrigbleibt, diktiert er ihr: »Ferdinand haben wir super verarscht. Bin schon so scharf auf dich. Viele Grüße, Luise.«

Der Brief geht natürlich an Kälbchen, der dieses Beweisstück für Lulus Untreue direkt vor Ferdis Nase fallen lässt. Wie jeder gut dressierte Hund schnappt Ferdi den Köder, reagiert aber ziemlich heftig: »Hier ist 'ne Pistole, Kalb. Jeder hält eine Ecke vom Tempo, und dann schießen wir uns gegenseitig ins Gesicht.« Das findet Kälbchen 'n bisschen zu blutig, deshalb gesteht er alles, aber natürlich glaubt ihm Ferdi nicht, denn bei dem wirkt das Gedankengift schon. Sein Papa treibt's auf die Spitze, indem er ihm sagt, er soll Lulu doch heiraten, aber Ferdi ist schon im Terroristenexpress unterwegs.

HIER IST 'NE PISTOLE, KALB.

SIE HAM ERST GEWONNEN, WENN FERDI SIE LIEBT!

Die Milford hat in der Zwischenzeit Lulu zu sich zitiert, um zu gucken, ob da nicht doch noch was mit Ferdi geht. Sie versucht, das Bürgermädchen zu dissen, und bietet ihr 'n Job an – kriegt sie aber trotzdem nicht klein: »Sie ham erst gewonnen, wenn Ferdi Sie liebt!« Mit diesem Statement gewinnt Lulu das Schlammcatchen

MIT IHRER NATÜRLICHEN BEGABUNG FÜR BITCHFIGHTS LEGT LULU DIE LADY MILFORD AUFS KREUZ UND HÄTTE JETZT THEORETISCH FREIE BAHN BEI IHREM FERDI – WENN DA NICHT EINE GANZE MENGE KABALE WARTEN WÜRDE.

nach Punkten, und die Milford, die ja eigentlich sowieso 'ne Gute war, verschwindet endgültig aus dem Herzogtum.

Trotz dieses Siegs hat Lulu so im Gefühl, dass die Sache nicht gut ausgehen wird, und fragt ihren Papa mal vorsichtig, ob sie sich vielleicht umbringen dürfte, weil dann könnte sie Ferdi ja im Jenseits haben. Aber spaßfeindlich wie der Papa ist, verbietet er es ihr. Dann kommt der andere fundamentalistische Liebesterrorist, nämlich Ferdinand, vorbei und schickt den Papa weg. Er nimmt Lulu ins Kreuzverhör, präsentiert den Beweisbrief, und natürlich gibt sie zu, dass sie ihn geschrieben hat – denn ihre Mutter is immer noch im Knast. Bei Ferdi sind mittlerweile 'ne ganze Reihe von Sicherungen durchgebrannt, deshalb bestellt er jetzt 'ne Limo bei Lulu, und kaum hat er sie, meckert er auch schon:

»Die Limonade ist matt wie deine Seele.«

»Matt?«

»SCHRIEBST DU DIESEN BRIEF?« EHRLICHKEIT – WIE LULUS EHRLICHE ANTWORT »JA« – KANN SCHLIMME FOLGEN HABEN IN EINER BEZIEHUNG. SIE IST DESHALB UNTER ALLEN UMSTÄNDEN ZU VERMEIDEN.

BUMM!

»Na, schmeckt scheiße.«

Das beleidigt Lulu jetzt dann doch, und sie probiert selber:

»Die schmeckt super. Aaargh. Nee, die ist wirklich matt – wieso is 'n die Limo so matt?« – »Das kommt vom Arsen, das ich reingekippt hab.«

Und zum ersten Mal seit vielen, vielen Seiten bricht ein Lächeln auf Lulus Gesicht aus und sie strahlt: »Gift? Echt? Super, dann sterb' ich ja und kann dir alles verraten: Ich hab immer nur dich geliebt, und den Brief hat dein Vater diktiert.« Und BUMM, fällt sie um und ist tot. Ferdi, der das Zeug ja auch getrunken hat, hat noch ausreichend Zeit, zu bereuen und seinem Vater, der dazustürzt, die Schuld zu geben, dann stirbt er auch. Und während Wurm und Papa Walter sich in Endlosschleife gegenseitig die Schuld zuschieben, senkt sich der Vorhang.

Unterm Strich

Also, eins muss man mal ganz deutlich sagen: Sympathisch sind die beide nicht. Von Anfang an, also sogar, als sie noch voll offiziell verliebt sind und eigentlich alles cool ist, sogar da redet die Lulu in einer Tour davon, dass man ja auch sterben könnte und dass es im Jenseits bestimmt super ist. Ja, okay. Sie weiß halt, dass sie 'ne Bürgerliche und er 'n Adliger ist und dass so was im bürgerlichen Trauerspiel nun mal tödlich ausgeht, aber diese Art von Todessehnsucht – das ist doch nicht normal? Man kann's auch herausfordern! Und er ist auch nicht besser: Kaum taucht das erste kleine Beziehungsproblem in Form von 'nem gefakten Seitensprung auf, hat er auch schon den Finger am Abzug und will Duell oder besser noch Doppelmord! Warum sind die so unentspannt? Leider isses so, dass da die Privaterfahrungen des Autors dahinterstecken. Schiller hatte das Gegenteil von 'ner schönen Kindheit, durfte nie spielen und wurde immer von seinem Landesherrn, dem Herzog von Württemberg, geärgert. Was dazu führte, dass er irgendwann seine ganze aufgestaute Wut in einen nicht vorhandenen Koffer packte und illegal abreiste und den ganzen Stress in die Welt stürmen und drängen ließ. Zum Beispiel in Form von KABALE UND LIEBE. Jetzt könnte man sagen: Gut, dann hat sich der Ärger wenigstens literarisch gelohnt. Aber mir tut er schon leid, der Fritz.

Georg Büchner

DANTONS TOD

Gute Ideen neigen dazu, sich zu verselbständigen, bis sie nicht mehr so richtig gut sind. Diesen Vorgang kann man in der menschlichen Geschichte immer wieder beobachten, von der Erfindung des Feuers bis zur Übernahme von Star Wars durch Disney. Insbesondere bei der Französischen Revolution war es so, dass die Aufständischen so sehr auf den Geschmack gekommen waren, dass sie gar nicht mehr aufhören wollten mit dem Revolutionieren. Natürlich gab's zwischendrin auch immer wieder mal Spielverderber, die den extremen Revoluzzern ihre Guillotine wegnehmen wollten – und genau um diesen Konflikt dreht sich DANTONS TOD von Georg Büchner.

Der Titelheld Georg* Danton ist zwar Rechtsanwalt und Revolutionär der ersten Stunde, jetzt hat er aber aus persönlichen und grundsätzlichen Gründen mal die Nase voll vom Revolutionieren und will lieber mal seine Ruhe. Davon hält sein Gegenspieler Maximilien de Robespierre, auch Rechtsanwalt und Revolutionär, überhaupt nix. Im Gegensatz zu seinem früheren Genossen Danton, ist er komplett spaßfrei (kein Alkohol, keine Frauen, und wenn's das damals gegeben hätte, wär er wahrscheinlich auch noch Veganer gewesen), und um das auszugleichen, ist er dafür umso radikaler. Beide haben Anhänger, die bei uns aus Gründen der Übersichtlichkeit farblich vereinheitlicht sind: Ebenso rot wie der rote Robbie ist St. Just, eine Art menschenfressendes Monster, der wie Robespierre zum Jakobinerclub gehört. Während der wichtigste Kumpel von Danton, Camille Desmoulins, ein Schriftsteller ist, der allerdings auch eine Verbindung zu Robbie hat: Er war mit ihm an der Uni, was traurigerweise dessen einzige menschliche Ver-

*Historisch heißt er eigentlich »Georges«, Büchner hat wahrscheinlich liebevoll hessisch »Schorsch« gesagt.

bindung ist. Da Büchners Drama aus dem Jahr 1835 stammt, hat es wie alle alten Stücke eine Masse von männlichen Nebenfiguren, die aber hier nicht erwähnt werden, weil Sie, liebe Leser, sowieso nur durcheinanderkommen würden. Außerdem gibt es nur ganz wenige Frauenrollen, wovon drei wichtig sind: zuallererst Julie, Dantons Frau, die im wahren Leben übrigens die Revolution mit viel Glück überlebte. Zusätzlich frequentiert Danton gern mal die Escort-Lady Marion, und drittens gibt es noch Lucile, die Ehefrau von Camille, die bei uns auffällig langes Haar hat, weil sie am Ende wahnsinnig wird.

erwischt, und jetzt geht's sogar alten Verbündeten an den Kragen. Im ersten Akt lernen wir die verschiedenen Fraktionen kennen, zunächst mal Dannie und seine Freunde: Danton sitzt zu Füßen von Julie in einem Salon, spielt zur Entspannung Karten und macht ihr so hübsche Komplimente wie: »Ich liebe dich wie das Grab.« Das ist eigentlich nett von ihm gemeint, auch wenn's nicht so rüberkommt. Da kommt ein Kumpel rein und warnt: »Der Robbie und seine Leute wollen uns in die Pfanne haun – wir müssen was machen, sonst machen die uns platt!« Aber Danton hat keine Lust, was zu unternehmen.

Als Nächstes gehen wir auf die Straße, wo der Pöbel herrscht. Zum Pöbel gehört zum Beispiel der Souffleur Simon, der eine Auseinandersetzung mit seiner Frau hat, weil er rausgefunden hat, dass seine Tochter auf den Strich geht. Seine Frau findet das aber in Ordnung, weil irgendwoher ja schließlich das Geld für die Miete kommen muss, und während sie noch streiten,

Wir befinden uns im Paris des Jahres 1794. Den König ham die Revolutionäre vor einem Jahr hingerichtet, vor kurzem hat es auch die Ultraradikalen

kommt ein junger Typ mit Taschentuch vorbei, und der Pöbel so:

»Wieso hast 'n du 'n Schnupftuch?«

»Äh, einfach so?«

»Schnupftuch? – Aristokrat! Aufhängen!«

Glücklicherweise kann er abhauen, da kommt der Robbie vorbei:

»Was is hier los?«

»Äh, wir wollten gerade 'n Aristokraten lynchen!«

»Brav, weitermachen.«

DIESE FRANZOSEN HABEN ABER AUCH ECHT DAS AUFSTÄNDISCHE IM BLUT. DA MUSS NUR MAL EINER MIT 'NEM STOFFTASCHENTUCH VORBEIKOMMEN, SCHON HÄNGT ER AN DER NÄCHSTEN LATERNE.

Anschließend lernen wir Robbie auch in seinem Heimatstadion kennen, nämlich im Jakobinerclub, wo er ausheckt, dass Danton und seine Leute abserviert werden. Die nennt man übrigens die »Indulgenten«, also die Nachsichtigen, weil sie meinen, dass diese Terrorherrschaft jetzt bald mal zu Ende sein sollte, weil das den Leuten ja auch nix zu essen bringt. Aber Robespierre schwingt eine große Rede: »Nee, nee, nee, wir brauchen den Terror gegen die Feinde der Revolution – und außerdem haben wir dann wenigstens Spiele, wenn es schon kein Brot gibt.«

Während Robbie konspiriert, ist Dannie bei der Escort-Lady Marion, um mal wieder so richtig melancholisch zu sein, und wird wieder gewarnt, antwortet aber immer nur: »Ich bin 'n Promi. Die trauen sich nicht.« Trotzdem geht er zu Robespierre, um das mal abzuchecken – die erste und einzige direkte Begeg-

nung zwischen den beiden. Der sagt: »Wir sind noch nicht fertig mit der Revolution, und die Tugend –«

Und Danton schubst ihn rhetorisch rum:

»Ich hör immer Tugend, das is eitel und arrogant: Die Tugend ist der Absatz an deinen italienischen Herrenschuhen, damit du 'n bisschen größer als an-

WAHRSCHEINLICH IST ROBESPIERRE SCHON ALS KIND AUF DEM PAUSENHOF IMMER RUMGESCHUBST WORDEN, DESHALB RÄCHT ER SICH JETZT EINFACH MAL ALS CHEFREVOLUTIONÄR AN DER GANZEN WELT. HEUTE TRAUT SICH NUR NOCH DANNIE, IHM KONTRA ZU GEBEN.

dere wirkst. Du kannst dir gar nix drauf einbilden, noch nie mit 'ner Frau geschlafen zu haben. Und überhaupt: Schluss mit den Hinrichtungen.«

Damit dampft Dannie ab, Rob ärgert sich, und mit St. Just fällt er jetzt die Entscheidung, dass Danton und Camille dran glauben müssen.

Danton ist jetzt echt down, und als seine Freunde ihn drängen, zu fliehen, sagt er: »Die trauen sich nicht – und wo soll ich denn hin? Nimmt man das Vaterland an den Schuhsohlen mit?« Als er erfährt, dass er gleich verhaftet werden soll, geht er erst mal spazieren. Bei dieser Promenade durch Paris und in der anschließenden Nachtszene philosophiert er: »Ich mag nicht mehr, wenn ich wenigstens mein Gedächtnis verlieren könnte – oder doch lieber gleich tot?« Er ist offenbar depressiv, deswegen kann er auch nicht schlafen und weckt seine Frau mit seinen Albträumen: »Ha! September!« – Die sogenannten »Septembermorde« lassen ihm keine Ruhe: »Aber ich musste

doch vor anderthalb Jahren diese 1.300 Leute im Gefängnis lynchen lassen, weil die ausländischen Könige kurz vor Paris waren.« Dannie war damals Justizminister und hätte das rechtsstaatlicherweise verhindern müssen, deshalb hat er einerseits 'n schlechtes Gewis-

sen und andererseits 'ne depressive Verstimmung: Burnout. Er kann sich nicht
mehr so motivieren wie früher und seinen politischen Gegnern eins auf die
Rübe geben, sondern tut lieber erst mal
nix. Und so wird er verhaftet.

Das führt im Nationalkonvent dazu,
dass einer seiner Kumpels sich aufregt:
»Werden jetzt sogar schon Revolutionäre verhaftet, oder was?« Aber
St. Just und Robbie schaffen es, die
Danton-Fans zu überzeugen: »Das
ist doch jetzt echt egal, ob man an
'ner Seuche oder an der Revolution
stirbt, oder? Na, also.« Dannie und
seine Freunde sitzen also im Knast,
und unterhalten sich über so lustige
Sachen wie Gottesbeweise. Was man
halt so macht, am Samstagabend.

WERDEN JETZT SOGAR
SCHON REVOLUTIONÄRE
VERHAFTET, ODER WAS?

TJA, JETZT IST DANNIE
VERHAFTET. DA HELFEN PRO-
TESTE VON SEINEN FREUNDEN
NICHT MEHR VIEL …

... VOR ALLEM, WEIL DER ROTE ROBBIE UND SEINE FREUNDE ALLES DARANSETZEN, DIE BLAUEN AUF DIE GUILLOTINE ZU BRINGEN. UND IM INTRIGIEREN SIND SIE GUT.

Während die also chillen, müssen ihre armen Gegner sich den Kopf zerbrechen, wie sie verhindern, dass Danton sich mit seinem Redetalent wieder rauswindet, deshalb setzen sie die Geschworenen im anstehenden Prozess aus Schwerhörigen und Linientreuen zusammen. Das ist auch gut so, denn kaum sitzt Dannie auf der Anklagebank, zeigt er auch schon sein Genie: »Mein zweiter Vorname ist Revolution. Meine Wohnung ist bald im Nichts und mein Name im Pantheon der Geschichte.« Jetzt, wo er in die Enge getrieben ist, erwachen die alten Talente – es ist nur 'n bisschen spät. Seine Gegner machen schnell ein lustiges Gesetz, dass man vor Gericht nicht mehr laut reden darf, dann aber kommt St. Just: »Hier, in den Gefängnissen, gibt's 'ne Verschwörung, die Frauen von Danton und Camille sollen das Volk mit Geld zum Aufstand gegen uns bringen! Jetzt ham wir ihn.« Danton versucht noch, Robbie und St. Just selber des Hochverrats anzuklagen, und für einen Moment sieht es so aus, dass er das Volk auf seiner Seite hat, aber dann sagt einer:

»Aber der Danton hat voll die Markenklamotten und 'ne hübsche Frau und 'n schnelles Auto.«

»Nee, dann Kopf ab!«

In der Nacht vor der Hinrichtung wird Dannie im Gefängnis richtig radikal: »Die Welt ist das Chaos. Das Nichts ist der zu gebärende Weltgott! – Ich wär ja gern cooler gestorben, aber wenigstens nicht allein. Danke, Julie!« Denn die bringt sich

ICH WÄR JA GERN COOLER GESTORBEN.

ES BREITET SICH AKUTER NIHILISMUS AUS, IN DER GEFÄNGNISZELLE VON DANNIE UND SEINEN FREUNDEN. SIEHT MAN HIER SCHON AM LEEREN BLICK UNSERES HELDEN.

ICH WERD' WAHNSINNIG!

jetzt um, Lucile wird wahnsinnig, und am nächsten Tag werden Dannie, Camille und ihre Freunde auf einem humanen Hinrichtungsgerät, das 1792 von einem Arzt namens Guillotin erfunden wurde, einen Kopf kürzer gemacht. Am Ende läuft Lucile durch die Straßen und ruft: »Es lebe der König!« – Dadurch erreicht sie, was sie wollte, nämlich verhaftet und wahrscheinlich auch hingerichtet zu werden.

ES LEBE DER KÖNIG!

94

Unterm Strich

Der rote Robbie wird übrigens ein paar Wochen nach Dannies Tod selbst mit seinem Lieblingsspielzeug, der Guillotine, hingerichtet. Was klar beweist: Terror zu verbreiten und Sündenböcke zu opfern, macht alles nur noch schlimmer. Leute wie Büchner mussten sich dann eine Generation später immer noch mit dem Scherbenhaufen rumschlagen, den die Revolutionäre hinterlassen hatten. Und zwar nicht, weil sie die Revolution angefangen, sondern, weil sie nicht wieder damit aufgehört hatten. Für Büchner bestand deshalb wenig Hoffnung, dass sich die Menschen mal in Frieden und Freiheit zusammenraufen könnten – kein Wunder, dass sein Hauptdarsteller so lange in den Abgrund guckt, bis er reinfällt. Alles in allem wird Dannie damit eher zum Antihelden, denn das Fazit für uns müsste lauten: Überlasst die Republik nicht dem Hass und der Gewalt, sondern tretet ihnen entgegen, wo ihr sie trefft, sonst geht's euch wie Dannie.

Theodor Fontane

EFFI BRIEST

Es ist nicht so, dass jede Ehe katastrophal verläuft. Es gibt schließlich auch Leute, die im Lotto gewinnen. Trotzdem ist Theodor Fontanes EFFI BRIEST nicht unbedingt eine Werbebroschüre für diese gesellschaftliche Institution, jedenfalls nicht so, wie sie in dieser Story praktiziert wird. Es geht also um Love and Marriage, oder besser, Ehe ohne Liebe und deshalb dann auch ohne Moral. Alles dreht sich um die junge Effi Briest, was schon das erste Missverständnis ist, denn eigentlich müsste das Buch Effi VON Briest heißen, denn die junge Dame ist adlig. Effi ist zu Beginn des Romans süße siebzehn und wohnt mit ihren Eltern auf dem fiktiven Gut Hohen-Cremmen irgendwo in Brandenburg. Sie ist das einzige Kind von Papa von Briest und Luise von Briest, die erst mal super sind. Mutti hatte früher, also vor Papa, einen Verehrer namens Geert von Innstetten. Dieser Baron ist jetzt 38, also im besten Alter, ehrgeizig, tageslichttauglich und Landrat in Kessin an der Ostsee. Natürlich gibt's noch 'ne ganze Menge anderer Figuren, aber die jetzt alle vorzustellen, wäre ein zu weites Feld.

Das Ganze startet im Garten von Hohen-Cremmen, wo Effi mit ihren Freundinnen Fangen spielt – eigentlich ist sie noch voll das Kind. Trotzdem hat Mutti 'ne frohe Botschaft:

»Effi, der Baron von Innstetten hat um deine Hand angehalten.«

»Oh, okay. Wir haben uns zwar erst ein Mal gesehen, und er hat mich vorher nicht gefragt, aber solange der adlig ist, gut aussieht und Karriere macht, ist alles klar – Hochzeit läuft.« Mutti ist superglücklich (sie ist auch immer noch selber scharf auf Geert), die Hochzeit geht schnell über die Bühne, und BÄNG!: Ohne lästige Pubertät ist Effi zur erwachsenen Frau geworden und wird bei der Hochzeitsreise durch Italien von ihrem Oberlehrer – äh, von ihrem Mann durch alle Museen und Kirchen geschleift.

IN KESSIN HAT EFFI GENAU ZWEI FREUNDE, NÄMLICH DEN NEUFUNDLÄNDER ROLLO UND DEN APOTHEKER GIESHÜBLER (ROLLO IST DER, DER GERADE AN IHR HOCHSPRINGT).

Dann kommen sie in Kessin an, einem fiktiven Ostseebad, das wahrscheinlich Swinemünde zum Vorbild hat, wo Innstetten ein Haus hat. Und sie so: »Oh, das ist aber ein schönes großes Fachwerkhaus.« Ist halt nicht die gleiche Preisklasse wie Hohen-Cremmen, aber man kann nicht alles haben. Und er so: »Ja, aber wir bewohnen nur das untere Stockwerk, weil oben ein toter Chinese spukt.«

»Oh.«

»Ja, aber Rollo passt auf dich auf.«

»Wer ist denn – ARGH!«

Denn da ist Rollo auch schon an ihr hochgesprungen, der beste Mensch im ganzen Roman, Innstettens Neufundländer. Es ist Liebe auf den ersten Blick, und als Rollo sie erst mal genug geherzt und abgeschlabbert hat, lernt Effi den komischen Apothekergnom Gieshübler kennen und freundet sich auch mit ihm an – also er schickt ihr immer Zeitungsausschnitte und Pralinen.

Der Ehealltag in Kessin sieht jetzt so aus, dass Geert in erster Linie arbeitet, weshalb Effi sich nach kurzer Zeit zu Tode langweilt. Auch, weil die adligen Damen in der Umgebung entweder halbdebil oder komplette Bitches sind. Im ersten Jahr ihrer Ehe gibt es genau zwei amüsante Abende: ein Privatkonzert bei Gieshübler und dann noch den Silvesterball. Im Vergleich dazu war Effis bisheriges Leben in Hohen-Cremmen ein Actionfilm. Ein kleines bisschen Hoffnung auf eine interessante Veränderung kommt auf, als Effi eine Neuigkeit für ihren Mann hat:

»Geert, ich bin schwanger!«

»Oh, super! Das feiern wir doch, ich muss nur erst noch 'n bisschen arbeiten.« Und er geht wieder arbeiten. »Seufz. Na, dann geh ich wohl mal spazieren. LANGWEILIG!« Auf dem Friedhof trifft sie Roswitha, eine Hausangestellte aus der Nachbarschaft:

»Ach Gott, Sie weinen bestimmt, weil Ihre Arbeitgeberin gerade gestorben ist?« – »Nee, die war doof, ich weine, weil ich arbeitslos bin.« – »Ja perfekt, dann hab ich 'n Job für Sie, Sie werden jetzt meine Kinderfrau.«

Dann kommt die kleine Annie zur Welt, was erst mal ganz schön ist. Effi macht Urlaub bei ihren Eltern, aber weil Roswitha sich 24/7 um die Kleine kümmert, langweilt sie sich bald wieder.

Zurück in Kessin gibt's Frischfleisch in Form von Major Crampas. Das ist ein ehemaliger Kamerad von Innstetten, der gerade eben in die Kleinstadt versetzt worden ist und mit allem flirtet, was nicht bei drei auf den Bäumen ist.

»Hier, Effi, wollen Sie nicht 'n bisschen Theater spielen?«

»Nee, Theater ist doch total langweilig.«

»Aber nicht, wenn ich der Regisseur bin. Come on.«

»Okay.«

Das Stück trägt den ominösen Titel »Ein Schritt vom Wege« und wird ein totaler Erfolg, wobei das ganze Städtchen Effi in der Hauptrolle anhimmelt. Als Offizier hat Crampas superviel Zeit, deshalb versucht er auch immer mal wieder, was mit dem Innstetten zu unternehmen: »Kommen Sie, wir reiten aus.« Und Effi so: »Ich auch, ich auch!« Geert, der alte Langweiler, muss natürlich noch arbeiten, also reiten Crampas und Effi alleine aus, aber das ist völlig harmlos und es ist auch immer irgendein Aufpasser dabei.

Zu Weihnachten macht die ganze Stadtgesellschaft eine Schlittenfahrt zum Oberförster, aber als sie abends nach Hause wollen, müssen sie aufgrund von Treibsand am Strand einen Umweg durch einen dunklen Wald fahren. Wie es der Zufall oder zumindest Crampas will, sitzt Effi allein mit ihm in der Kutsche, und jetzt passiert's: Sie fängt eine Affäre

AUF DER ANDEREN SEITE IST EIFERSUCHT AUCH MEISTENS ÜBERTRIEBEN. DAS MUSS JA NICHTS HEISSEN, WENN EINE VERHEIRATETE FRAU MIT 'NEM OFFIZIER AUSREITET. DA IST NICHTS. ECHT ...

... BIS DANN DOCH WAS IST.

mit ihm an. Die dauert eine ganze Weile und Effi hasst dieses verlogene Doppelleben. Als Geert dann erzählt, dass er nach Berlin versetzt wird, ist sie deshalb total erleichtert:

»Gott sei Dank!«

»Wieso? Gefällt's dir hier nicht?«

»Doch, total, das ist nur wegen dem Spuk und so …«.

Sie ziehen sofort nach Berlin um, und Effis Affäre mit Crampas ist zu Ende.

In der Hauptstadt hat Effi endlich die Abwechslung und Unterhaltung, die sie zum Leben braucht, und sechs Jahre lang geht alles gut. Irgendwann ist Effi mal zur Kur weg, und ihr Töchterchen Annie schlägt sich beim Rumtoben die Stirn auf. Die Haushälterin und das Kindermädchen Roswitha brechen auf der Suche nach Verbandszeug Effis Nähkästchen auf (logisch, dass das Verbandszeug im Nähkästchen ist). Das rettet zwar Annie, aber andererseits stolpert Innstetten, als er

UPS!

INNSTETTEN TUT, WAS ER AM BESTEN KANN: LESEN UND ENTSCHEIDUNGEN TREFFEN. IN DIESEM FALL (A) LIEBESBRIEFE VON CRAMPAS UND (B) SICH MIT IHM DUELLIEREN UND MIT EFFI SCHLUSS MACHEN.

nach Hause kommt, über ein Bündel Liebesbriefe von Crampas, die Effi in ihrem Allerheiligsten verwahrt hatte. »UPS!« Als preußischer Beamter ist Innstetten natürlich total schnell im Lesen und Entscheidungentreffen, deshalb steht für ihn sofort fest, dass er Crampas zum Duell fordern muss, und so passiert's auch. Er fährt nach Kessin und duelliert sich mit Crampas am Strand, wobei der tödlich getroffen wird und stirbt.

Effi (immer noch auf Kur) erfährt erst durch einen Brief von ihrer Mutter, dass sich ihr Mann von ihr scheiden lässt und sie auch nicht mehr zu ihren Eltern darf, weil sie ja jetzt enterbt ist. Sie soll sich aber keine Sorgen machen, denn ein bisschen Geld geben sie ihr weiterhin. Daraufhin wird sie erst mal ohnmächtig – viel mehr Handlungsoptionen hat sie auch im Moment nicht. Zurück in Berlin muss sich Effi eine hässliche kleine Wohnung nehmen, weil sie sich nicht mehr leisten kann. Sie ist total isoliert, weil sie als geschiedene Frau gesellschaftlich so was wie 'ne Lepra-

WENN DAS EIGENE KIND ZUM EISKLOTZ WIRD – EFFI UND DIE GEBRAINWASHTE ANNIE.

kranke geworden ist. Roswitha ist die Einzige, die bei ihr bleibt, aber Effi leidet total. Nach drei Jahren läuft ihr die eigene Tochter zum ersten Mal wieder über den Weg, und sie kann ihren Ex dazu bewegen, Annie einen Besuch bei ihr zu erlauben. Der läuft allerdings nicht so ab, wie Effi sich das vorgestellt hat:

»Und, kommst du jetzt öfter mal?«

»Wenn ich darf.«

»Dann gehen wir mal spazieren.«

»Wenn ich darf.«

»Und dann essen wir ein Eis.«

»Wenn ich darf.«

So geht das die ganze Zeit, und als Annie wieder gegangen ist, bricht Effi zusammen, weil Innstetten ihre Tochter zu einem gefühllosen Borg gemacht hat.

Weil es ihr gesundheitlich immer schlechter geht, entscheidet Effis Papa, dass sie doch wieder nach Hause kommen darf. Womit er sich quasi als Linksradikaler outet, weil er sich derartig über den gesell-

schaftlichen Anstand hinwegsetzt, zu seiner Tochter zu halten. Also siedelt Effi wieder nach Hohen-Cremmen über, und als Roswitha dann noch Rollo organisiert, mit dem sie spazieren gehen kann, geht's ihr sogar ein bisschen besser. Aus lauter Dankbarkeit für die Güte ihrer Eltern stirbt Effi dann wenig später an gebrochenem Herzen, so dass diese ihren Schandfleck wenigstens los sind.

Unterm Strich

Wir sehnen uns ja heute manchmal nach der guten alten Zeit, wo die Welt noch eine Ordnung und das Leben einen Sinn hatte. Wer dieses Buch gelesen hat, sehnt sich aber nach einem ganz bestimmt nicht zurück: Theorie und Praxis von Eheanbahnung, Beziehungsgestaltung und mieser Diskriminierung von »gefallenen Frauen« im 19. Jahrhundert. Klar, Effi ist schon ziemlich naiv, wie sie da in diese Ehe reinrennt, und dann ziemlich kaltblütig, wie sie ihre Affäre verheimlicht. Andererseits: Was bleibt ihr denn übrig? Sofadeckchen häkeln? Die Frau ist zu diesem Zeitpunkt Anfang zwanzig! Das letzte Drittel des Buches, die Schilderung der fiesen, aber unausweichlichen Folgen für sie, ist wie ein Besuch beim Zahnarzt: Man muss durch, aber besser fühlt man sich erst, wenn es vorbei ist. Alles in allem: Echt ein wichtiges Buch, um die Lebenswelt unserer Ururgroßeltern kennenzulernen, aber macht das bitte nicht zu Hause nach.

Gotthold Ephraim Lessing

EMILIA GALOTTI

VORSICHT, SCHMUTZIGE GEDANKEN! OFFENBAR HABEN DIE ELTERN DER EMMI BEI-GEBRACHT, DASS EIN SCHARFER BLICK VON EINEM MANN AUSREICHT, UM SCHWANGER ZU WERDEN. JEDENFALLS KOMMT SIE SCHON HYPERVENTILIEREND INS STÜCK REIN, WEIL DER PRINZ NICHT NUR GEGUCKT, SONDERN SOGAR MIT IHR GESPROCHEN HAT.

Wie jeder weiß, ist auf dem Land generell alles besser als in der Stadt. Die Luft ist gut, es gibt keine Verbrecher, und es ist nie langweilig. Zwischen den Kühen. Gut, junge Leute wollen natürlich lieber in der Stadt leben, denn nur da lernt man ja andere unverbrauchte junge Leute vom Land kennen. Und genau das passiert unserer Hauptfigur, der jungen Emilia Galotti. Ihr Papa Odoardo fand's eigentlich selbstmörderisch, dass seine Frau Claudia mit dem Töchterchen unbedingt in der Stadt leben muss. Man weiß ja, was in Städten alles so passiert, wenn Papa nicht dabei ist. Aber wenn sie auf dem Land geblieben wären, hätte Emilia ihren Bräutigam Graf Appiani ja nie kennengelernt. Der liebt sie und will sie heiraten, obwohl die Galottis fast gar nicht adlig sind und jetzt auch nicht megareich. Aber die Emmi sieht halt schon gut aus. Papa Galotti findet den Appiani super als Bräutigam, weil der auch nur ausnahmsweise in der Stadt war und eigentlich zu-

rückgezogen in der Pampa lebt wie die Galottis und nix mit dem Hof zu tun haben will. Der Hof ist Prinz Hettore Gonzaga, der regierende Fürst von Guastalla, ein junger Mann mit erstaunlich viel Tagesfreizeit und mehreren Problemen. Eins davon ist Gräfin Orsina, die bisherige Geliebte des Prinzen, die einfach nicht versteht, dass er sich schon anderweitig orientiert hat. Ein weiteres Problem des Prinzen ist sein Kammerherr Marinelli, ein intriganter Höfling, der eigentlich Probleme lösen sollte, aber stattdessen systematisch alles zur Verfügung stehende Porzellan zerdeppert.

Lessing schreibt dieses »Bürgerliche Trauerspiel« 1772 als Bibliothekar in Wolfenbüttel, nachdem er die literarische Vorlage, die Legende der Verginia (so schreibt Lessing sie – bei den Römern heißt sie eigentlich »Virginia«), schon bei allen hundert Umzügen in den Jahren vorher mitgeschleppt hatte. In dieser Legende, vom römischen Geschichtsschreiber Livius überliefert, geht's darum, dass die junge Verginia von

NUR WEIL EIN VORBILD ALT IST, MUSS ES DESWEGEN JA NOCH NICHT GUT SEIN, ODER? DAS PROPHYLAKTISCHE UMBRINGEN DER EIGENEN TOCHTER JEDENFALLS, UM EINE MÖGLICHE FAMILIENSCHANDE ZU VERMEIDEN, BRAUCHT IHR DEM PAPA DER SAGENHAFTEN RÖMISCHEN VERGINIA NICHT ZU HAUSE NACHZUMACHEN.

so zwei Claudiussen in der Stadt dumm von der Seite angemacht wird, worauf sie sich natürlich wehrt und einer von denen sagt: »Die Verginia ist gar keine Tochter aus gutem Hause, sondern in Wahrheit 'ne Sklavin.« Und der Verlobte von Verginia haut dem Claudius eine rein, aber Vergis Papa hört von der Lästerei und stellt seine Tochter zur Rede. Noch bevor sie was sagen kann – BÄNG –, ersticht er sie: »Besser tot als entehrt. Man weiß ja, was in so Städten passiert, wenn Papa nicht dabei ist.« Und eigentlich will Lessing diese Ehrenmordstory nur in seine eigene Lebenswelt übersetzen, aber vorsichtshalber, damit keiner sich angegriffen fühlt (immerhin ist der Herzog von Braunschweig sein Arbeitgeber, das Stück wird zum Geburtstag der Landesmutter uraufgeführt), lässt er das Ganze in Norditalien spielen.

Los geht's beim Prinzen, der vor lauter emotionaler Irritiertheit nicht mehr schlafen kann, aber arbeiten natürlich auch nicht. Er seufzt ständig »Emilia«, was dem aufmerksamen Leser schon das zentrale Problem des Stückes klarmacht. Bevor er völlig in verliebtem Selbstmitleid versinkt, kommt der Maler Conti und liefert ein Porträt der Gräfin Orsina ab, das der Prinz vor einiger Zeit bei ihm in Auftrag gegeben hatte.

Der guckt es sich einmal an und murmelt:

»Hm. Ganz schön … spät.«

»Ja sorry, die is halt nie zum Modell-
sitzen gekommen … aber ich hätte da noch
was anderes, nämlich völlig zufällig die Kopie
von einem Porträt von der schönsten Frau der
Stadt, der Emilia –«

»Galotti? Ich werd verrückt, her damit! –
Boah, ist das geil! Hier haste meine Kreditkarte,
nimm so viel du willst.«

Und während der Prinz noch völlig in das Pic
von Emmi versunken ist, kommt der Marinelli
vorbei. Der Prinz hat jetzt echt gute Laune und
fragt den Marinelli, was so geht in der Stadt. Marinelli erzählt, dass die Orsina wieder da ist – und
der Prinz so:

»Oh, meine Ex.«

»Äh, davon weiß die aber noch nix, oder?«

»Ja, nee, aber trotzdem. Und sonst so?«

GERADE NOCH STARRT DER VERLIEBTE PRINZ VÖLLIG
VERSTRAHLT IN DIE GEGEND, JETZT IST ER TOTAL
FREAKING OUT: DAS PORTRÄT VON EMMI, DAS IHM
DER MALER CONTI UNTERJUBELT (ZIEMLICH GUT
GETROFFEN, ODER?), BRINGT DIE HORMONE UNSERES
AUFREISSERPRINZEN HEFTIGST IN WALLUNG.

»Der Appiani heiratet heute, und zwar 'n junges und hübsches Ding, heißt Emilia –«

»Galotti? Nee, oder? Echt? Scheiße! Ich bring mich um.«

Der Marinelli kann ihn gerade noch davon abhalten, aus dem Fenster zu springen, und verspricht, sich um die Sache zu kümmern. Er lässt sich die Erlaubnis geben, dass er machen kann, was er will, und schickt den Prinzen auf seinen Landsitz. Der geht aber noch mal auf Verdacht in die Kirche – und wie es der Zufall will, trifft er Emilia.

Diese Begegnung bekommen wir nicht zu sehen, wir schalten jetzt ins Stadthaus der Galottis, wo zunächst mal der Papi die Mutti anschreit, weil sie die Tochter ALLEINE in die Kirche gelassen hat – man weiß ja, was in Städten so passiert, wenn Papa nicht dabei ist.

Nebenbei sammelt so 'n zwielichtiger Assistent von Marinelli Infos über die weitere Tagesplanung bei den

ALLEINE IN DIE KIRCHE?!

PAPA GALOTTI IST CHOLERIKER. KOMMT IN DEN BESTEN FAMILIEN VOR, IST ABER EIN PROBLEM, WENN'S MIT SO FANATISCHEN EHRVORSTELLUNGEN VERBUNDEN IST, WIE BEI ODO. DER IST SCHON ZIEMLICH TRIGGER-HAPPY.

117

Galottis, dann platzt Emmi zum ersten Mal rein und hyperventiliert:

»Mama, Mama, der Prinz hat mich angesprochen.«

»Boah, diese Adligen schrecken echt vor nix zurück.«

»Soll ich das meinem Appi erzählen?«

»Dass dich der Prinz aufreißen wollte? Spinnst du?«

Da steht der Bräutigam auch schon im Raum, schickt seine Emmi vor der Hochzeit zum Friseur und wird unerwartet von Marinelli angesprochen:

»Hallo, Herr Graf. Der Prinz schickt Sie auf 'ne ganz dringende diplomatische Mission!«

»Nee, ich heirate heute.«

»Aber –«

»Samma, hörst du schwer?«

Tja, Marinellis Plan A, um Appi wegzuschaffen, ist damit gescheitert, aber als er kurz darauf dem Prinzen auf seinem Landsitz Bericht erstattet, läuft Plan B

HÄ? WAS WAR 'N DAS?

schon. Man hört Schüsse und dumpfe Schreie im Hintergrund, und der Prinz so:

»Hä? Was war 'n das?«

»Ups, da haben wohl Räuber die Kutsche vom Appiani überfallen.«

Während der Prinz gucken geht, kommt ein Auftragskiller vorbei und wird von Marinelli dafür bezahlt, dass er Appi umgelegt hat. Immerhin hat er damit mal eins erreicht: Der Prinz tröstet die völlig traumatisierte Emmi, während Marinelli ihre Mutti in Schach hält. Also er versucht's jedenfalls, dummerweise erinnert sie sich, dass er heute Morgen mit Appiani gestritten hat:

»Ha! Dann sind Sie der Mörder! ›Marinelli‹, das war sein letzter Röchler! Mörder!«

»Ey, das stimmt doch gar nicht.«

Dann ist glücklicherweise der dritte Akt zu Ende.

EIN STARKER ARM, EINE SCHULTER ZUM AUSWEINEN – GIBT'S WAS BESSERES, UM DAS VERTRAUEN EINER TRAUMATISIERTEN JUNGEN EMMI ZU GEWINNEN? JA, GUT, EIN BISSCHEN BESSER WÄR'S NOCH, WENN MAN ALS PRINZ NICHT AM TOD IHRES BRÄUTIGAMS SCHULD WÄRE …

Dem Prinzen wird's jetzt ein bisschen ungemütlich, weil Marinelli ihm die Schuld an dem ganzen Schlamassel zuschiebt:

»Sie haben mir doch die Lizenz zum Töten ausgestellt.«

»Was hab ich?«

Und dann schneit auch noch die Gräfin Orsina rein. Mit ihr will der Prinz echt nichts mehr zu tun haben und verdrückt sich. Natürlich riecht die frischgebackene Ex sofort, dass 'ne andere Braut im Haus ist, und der Marinelli gibt zu, dass es Emmi ist. Das feuert ihre Eifersucht nur noch mehr an. Sie will gerade abrauschen, um zu posten, dass der Prinz ein Mörder ist, als sie in der Tür mit Papa Galotti zusammenstößt. Der schickt Marinelli, seine Frau und Tochter zu holen, aber der hat ein ganz ungutes Gefühl dabei, die beiden allein zu lassen. Zu Recht. Denn kaum ist sie mit Odo allein, fängt die Orsina auch schon an, ihm Gift ins Ohr zu träufeln:

»Ach Mensch, Sie Armer! Kaum ist der Schwiegersohn tot, macht die Tochter schon – «

»Was?«

»Na, die hat sich doch heute Morgen schon mit dem Prinzen in der Kirche verabredet.«

Und der cholerische Odo tickt voll aus:

»Was? Scheiße, und ich hab mein Taschenmesser nicht dabei.« Aber sie gibt ihm eins, also 'nen Dolch. Dann kommt auch schon Claudia, seine Frau, und er checkt einmal kurz:

»Samma, hat der Prinz heute mit Emmi in der Kirche gesprochen?«

»Ja, schon, aber – «

CHOLERIKER + SEHR SPITZER METALLGEGENSTAND + EMOTIONAL ANGESPANNTE SITUATION = SEHR SCHLECHTE IDEE. ALSO FÜR EMMI. FÜR DIE ORSI NICHT, DIE KANN DEN PRINZEN JA SPÄTER VIELLEICHT TRÖSTEN.

MAN SIEHT SCHON AN PAPAS STIEREM BLICK, DASS DER EIN BISSCHEN IN DER PSYCHO-EINBAHNSTRASSE MIT DEM SCHÖNEN NAMEN »HIGHWAY TO HELL« UNTERWEGS IST.

Emmi mitzugeben, weil sie angeblich noch unbeeinflusst 'ne Zeugenaussage zu dem Überfall machen muss. Odo ist kurz davor, zu explodieren, aber er reißt sich zusammen und verlangt, seine Tochter zu sprechen.

Und so kommt's zum Showdown. Völlig gechillt tritt Emmi auf:

»Hallo, Papa.«

»Wieso bist 'n du so RUHIG?«

»Hilft's was, wenn ich schreie?«

»Hör mal zu, dieser Lustmolch von Prinz will dich in seiner Gewalt behalten.«

»Oh nein, wenn der mich verführt! Ich bring mich um!«

»Aha!«

Mehr will er nicht wissen, er schickt die Frauen in die Stadt. Dann knöpft er sich den Prinzen vor, aber der ist zuckersüß zu ihm und weigert sich, ihm die

Das versucht sie mit dem Dolch von der Orsina, aber Papa hält sie davon ab, weil Selbstmord ja 'ne Sünde ist. Davor will er sie natürlich bewahren und erdolcht sie deshalb als fürsorglicher Vater lieber selber.

Unterm Strich

Und so setzen die traumatisierte Emmi und ihr cholerischer Vater ein krasses Zeichen, nach dem Motto: Besser tot als eventuell ehrlos. Und das soll moralisch sein? Aus heutiger Sicht sicher nicht. Dass Ehre wichtiger sein könnte als das Leben, ist mit unserer Gesellschaft echt nicht mehr kompatibel. Und damals – na ja: Dass der Prinz keine »ehrbaren Absichten« haben konnte, liegt auf der Hand: Die Galottis sind so kleiner Adel, dass eine Heirat mit dem Prinzen überhaupt nicht in Frage gekommen wäre. Also hätte sie bestenfalls seine Mätresse werden können – und ob sie das wollte, wäre dem Prinzen im Zweifelsfall wahrscheinlich auch noch egal gewesen. Und da wird's dann plötzlich schon existentiell, denn für das Bürgertum, für das die Galottis hier stehen, war Sex ohne Ehe eben schon eine »Schande«, die einen Ausschluss aus der Gesellschaft bedeuten konnte. Wenn dann ein Vater noch so cholerisch unterwegs ist wie Odo, ist Selbstmord vielleicht der einzige Weg des Widerstands – aber unmenschlich, krank und mörderisch bleibt das Ganze trotzdem.

Johann Wolfgang
von Goethe

DIE LEIDEN DES JUNGEN WERTHER

Wir schreiben das Jahr 1771, und der junge Herr Werther kommt neu in eine kleine Stadt ohne Namen, die verteufelte Ähnlichkeit mit Wetzlar hat. Wieso Wetzlar? Na ja, zufällig trieb Goethe sich damals genau in dieser mittelhessischen Mega-City rum. Wie Goethe ist Werther ein Sohn aus reichem Haus und muss sich nicht so richtig viel Gedanken darüber machen, wie er seine Brötchen verdient. Außerdem weiß er auch noch nicht, was er mit dem angebrochenen Leben anfangen soll – deshalb macht er erst mal ein Praktikum. Tja, im 18. Jahrhundert gab's solche Leute, die jahrelang Praktika machten und ihre Mütter damit in den Wahnsinn trieben. Gut, eigentlich muss er auch eine Erbschaftsangelegenheit seiner Mutter in der Stadt regeln, und außerdem war da offenbar gerade 'ne Geschichte mit 'ner anderen Chica, der er das Herz gebrochen hat. Spricht alles dafür, einen Neuanfang in 'ner Kleinstadt zu wagen!

Noch besser als die Kleinstadt gefällt ihm ein Dorf namens Wahlheim in der Nachbarschaft, denn da gibt es Natur, billigen Kaffee und herrlich unverbrauchte Leute. Kinder, die barfuß und naturbelassen rumlaufen – es ist wunderbar fotogen, er fühlt sich wie ein Tourist in Afrika. Und da sitzt er dann, bewundert die herrlich unverbrauchten Barfüßer bei seinem Kaffee, zeichnet und liest Homer. Was man halt so macht, als reicher Praktikant.

HOMER, 'NE TASSE KAFFEE UND MALERISCHE, BARFUSS RUMLAUFENDE KINDER – GIBT'S EINE SCHÖNERE FERIENIDYLLE ALS IN WAHLHEIM?

Irgendwann ist der Unterhaltungswert der Natur jedoch aufgebraucht, und der besser verdienende Teil der Stadtjugend veranstaltet einen Ball, den er sich natürlich nicht entgehen lassen kann. Auf dem Weg wollen sie noch ein Mädel mitnehmen, das er nicht kennt, und dann stehen sie im Wagen vor dem Haus und hupen, und sie kommt nicht raus (offenbar ist das so eine Konstante in der menschlichen Geschichte, dass Frauen nie fertig sind, wenn man loswill) – jedenfalls hat Werther irgendwann die Schnauze voll und geht

rein. Und dann sieht er sie. Lotte. Sie steht zwischen der Rasselbande von acht jüngeren Geschwistern (die Mutter hat die Masse nicht überlebt) und schneidet jedem eine Scheibe Brot ab. Klingt ein bisschen ärmlich, zeigt aber einfach nur, wie lieb sie ist und sich kümmert. Werther guckt sie an, sie scheint ihn auch ganz nett zu finden – und es macht KLICK!

Beim Ball ist sie seine Dancing Queen, und sie lassen weder die Augen noch die Hände voneinander, was auch anderen auffällt, und irgendwann sagt 'ne Freundin zu Lotte:

»Denk an Albert!«

Und der Werther so: »Wer ist denn Albert?«

»Ja, mit dem bin ich so gut wie verlobt.«

Und als ob uns der Autor etwas damit sagen wollte, gibt es prompt ein Gewitter. Die beiden gehen zum Fenster, schauen empfindsam in den Regen und sagen quasi gleichzeitig »Klopstock«, und damit ist klar, dass sie Seelenverwandte sind. Wer oder was ist Klopstock? – Na ja, ein sehr empfindsamer Dichter, den die hippe Jugend von 1771 ständig auf den Ohren hatte. Und das Gedicht, an das die beiden hier gleichzeitig denken, ist DIE FRÜHLINGSFEIER, in dem es um die psychedelische Erfahrung eines Frühlingsgewitters geht, um einen Tropfen, der unerträglich

SEELENVERWANDTE UNTER SICH. WENN JETZT NOCH EINER »KLOPSTOCK« SAGT, ISSES AUS.

spannend am Rand von einem Eimer hängt, und schließlich um die alles entscheidende Frage, ob Käfer eine Seele haben (siehe DIE VERWANDLUNG) und ob der Blitz jetzt ins Haus einschlägt oder nicht.

Nach diesem Abend hat es Werther voll erwischt, und er treibt sich ständig bei Lotte herum, besucht sie, spielt freiwillig mit ihren kleinen Geschwistern, und sie findet das auch irgendwie cool. Aber dann kommt Albert nach Hause, und Lotte kümmert sich jetzt natürlich um ihren So-gut-wie-Verlobten. Werther nimmt sich fest vor, zu gehen. Das ist ja klar. Er ist ja erwachsen, und da muss man sich mal zusammenreißen. Aber so einfach isses dann natürlich doch nicht, denn der Albert ist trotz Superjob und Superbraut mieserweise eher nett, so dass Werther ihn noch nicht mal anständig hassen kann. Als sie sich mal wieder nett unterhalten, spielt Werther nebenbei mit 'ner Pistole von Albert, bis der ihn anraunzt:

»Hör mit dem Scheiß auf.«
»Die ist ja nicht geladen.«

»ALLE AUF WERTHER!« DIE TATSACHE, DASS WERTHER SICH FREIWILLIG DER WEITLÄUFIGEN GESCHWISTERSCHAR VON LOTTE AUSSETZT, SAGT EINIGES ÜBER SEINE BEKLOPPT... – ÄH, VERLIEBTHEIT.

»Darüber macht man keine Witze. Und überhaupt, Selbstmord ist ja die größte Dummheit ever!«

Und Werther ist total angestochen:

»Das hat ÜBERHAUPT nichts mit Dummheit zu tun! Die menschliche Natur hat ihre Grenzen: Sie kann Freude, Leid, Schmerzen bis auf einen gewissen Grad ertragen, aber dann ist Sense. Da ist man dann NICHT dumm, wenn man Schluss macht.«

»Doch.«

»Nein.«

»Doch.«

Und Werther sagt immer, dass er gehen will, er geht aber nicht.

HÖR MIT DEM SCHEISS AUF.

IM GEGENSATZ ZU WERTHER IST ALBERT DIE PERSONIFIKATION DER VERNUNFT. UND OFFENBAR TROTZDEM NRA-MITGLIED, JEDENFALLS LIEGEN DIE HANDFEUERWAFFEN BEI IHM ALLZEIT BEREIT. GUT, BRAUCHT MAN JA AUCH STÄNDIG.

Irgendwann sind die drei abends spazieren und unterhalten sich lustig, und Lotte sagt so Sachen wie: »Ach, wie das wohl im Jenseits ist, ob ich da meine Mama wiedersehe?« Und Werther ist voll geflasht, fällt vor ihr auf die Knie und ruft: »Wir werden uns wiedersehen! Hier und dort wiedersehen!« Und er rennt weg und verlässt die Stadt. Endlich.

Dann kommt der zweite Teil des Romans, wo Werther zur Abwechslung mal was Vernünftiges macht, was er, wenn's nach seiner Mutter gegangen wäre, schon die ganze Zeit hätte tun sollen. Er arbeitet für einen Gesandten an einem Fürstenhof: »Ach, Herr Werther, hier haben Sie Ihren Aufsatz korrigiert zurück, bitte schreiben Sie den doch noch mal und mit weniger Adjektiven, ja?« Und Werther so: »Aargh. Bürokraten!« Der Gesandte treibt Werther extrem auf die Palme, immerhin lernt er eine ganz nette Dame, Fräulein von B., kennen, die fast so toll wie Lotte ist. Außerdem freundet er sich mit einem Gra-

DER GESANDTE (RECHTS), WERTHERS NEUER ARBEITGEBER, WILL NUR SEIN BESTES, NÄMLICH TEXTE MIT WENIGER ADJEKTIVEN. FÜR DIESE ART VON STILISTISCHEN SPITZFINDIGKEITEN STÜRMT UND DRÄNGT ES ABER EIN BISSCHEN ZU SEHR IM INNEREN UNSERES HELDEN.

fen an. Der ist trotz seines Adels ein totaler Buddy für Werther, irgendwann hängen sie mal zusammen ab, und der Graf so:

»Ach Werther, Sie sind echt total nett, es ist nur so, dass jetzt ein paar adlige Freunde zum Fußballgucken kommen, deshalb müssten Sie als Bürgerlicher jetzt gehen.«

»Wie bitte?«

»Bitte, machen Sie sich nichts draus. Ich finde Bürgerliche großartig. Jeder sollte einen haben.« Und Werther ist total entrüstet, zumal er gerade erfahren hat, dass Lotte und Albert geheiratet haben, ohne ihm was zu sagen. Deshalb hat er die Schnauze voll und kündigt. Planlos fährt er rum: »Ich geh jetzt in den Krieg!« Dann sagt ihm ein Freund, dass Krieg ganz schlecht für die Gesundheit ist, deshalb kehrt Werther in die Kleinstadt aus dem ersten Teil zurück.

DER GRAF, DEN WERTHER EBENFALLS BEI HOFE KENNENLERNT, IST NICHT SO 'N KÜMMELSPALTER WIE DER GESANDTE. ER IST FAST SO WAS WIE 'N FREUND FÜR DEN BÜRGERLICHEN WERTHER, ABER SO WEIT, DASS ER SICH MIT IHM IN DER ÖFFENTLICHKEIT ZEIGEN WÜRDE, GEHT DIE FREUNDSCHAFT DANN AUCH NICHT.

Obwohl Lotte jetzt verheiratet ist, fängt er wieder an, sie zu besuchen, so dass die Leute anfangen zu reden und der Albert langsam auch genervt ist. Deshalb muss er auch mal wieder Zeit allein verbringen, also geht er in die Natur, aber das ist langweilig, und auch in Wahlheim, wo er früher immer so gern seinen Latte getrunken und Homer gelesen hat, isses mittlerweile total blöd. Eins von den Kindern da ist gestorben, vermutlich, weil's immer barfuß rumgerannt ist. Ein anderer Typ hat sich umgebracht. Dann is er aufm Heimweg in die Stadt, als ihm ein komischer Typ über den Weg läuft:

»Was machen Sie denn da?«

»Blumen pflücken für meinen Schatz.«

»Äh, morgen ist der erste Dezember, da isses schlecht mit Schnittblumen.«

»Ja, aber ich brauche Blumen für meinen Schatz.«

Es stellt sich heraus, dass der Verrückte früher ein Sekretär von Lottes Vater war, der aus Liebe zu Lotte

135

EIN BÖSES OMEN: DER MANN MIT DEM STOPPELBART WAR FRÜHER EIN ANGESTELLTER VON LOTTES VATER – UND WURDE AUS LIEBE ZU LOTTE VERRÜCKT.

verrückt geworden ist. Irgendwie auch kein gutes Omen.

Kurz vor Weihnachten ist er wieder bei Lotte und liest ihr aus seiner eigenen Übersetzung des gefälschten keltischen Barden Ossian vor (da sind aber damals alle drauf reingefallen, auf den Fake-Barden): »Aber die Zeit des Welkens ist nahe, nahe der Sturm, der meine Blätter herabstört! Morgen wird der Wanderer kommen, der mich sah in meiner Schönheit, ringsum wird sein Auge im Felde mich suchen und wird mich nicht finden.« Und Lotte macht dieser geniale Poetry-Slam völlig verrückt, und er ist auch total drüber, und sie küssen sich versehentlich. Sie rennt aus dem Raum, schließt die Tür hinter sich zu und verbietet ihm, bis Weihnachten noch mal zu kommen.

Natürlich ist Werther jetzt down. Er läuft in der Natur herum, dann läuft er in die Stadt und bezahlt seine Schulden, dann geht er wieder in die Natur, dann borgt er sich Alberts Pistolen aus und geht in sein Zimmer. Er schnappt sich Lessings EMILIA GALOTTI, schlägt das Stück auf und zieht die alten Klamotten an, die er anhatte, als er Lotte kennengelernt hat – blauen Rock (das ist die Jacke), gelbe Weste, gelbe Hose, Stulpenstiefel. Am 23. Dezember um kurz vor zwölf setzt er sich die Pistole an die Schläfe und drückt ab. Morgens findet ihn sein Bursche und kriegt einen Mörderschreck, denn da lebt Werther noch ein bisschen. Er traumatisiert dann erst mal den Albert, der vorbeikommt, sowie Lotte, die nicht vorbeikommt, inklusive aller ihrer Geschwister. Dann stirbt Werther gegen Mittag. Sie beerdigen ihn lieber gleich, ausnahmsweise auf dem Friedhof, weil Lottes Vater das regelt (denn eigentlich durften Selbstmörder nicht auf den Friedhof), aber ein Pfarrer ist nicht dabei. Immerhin ist er jetzt in der Natur, wo er immer hinwollte.

Unterm Strich

Manchmal trifft ein Schriftsteller voll ins Schwarze und nagelt in einer Figur etwas so typisch Menschliches fest, dass sie sich tief in unsere kollektive Psyche einbrennt. So einer ist Werther: der unglücklich Verliebte. Entgegen vielen Fake-News war Goethe auch nur ein Mensch, und Anfang der 1770er mal unglücklich verliebt in eine Chica, die bereits anderweitig vergeben war. Da hing er gerade als Gerichtsreferendar in Wetzlar rum, und offenbar war Unglücklich-verliebt-Sein damals voll im Trend, denn es gab da auch noch diesen Bekannten von ihm, Karl Wilhelm Jerusalem, der war AUCH unglücklich in eine verheiratete Frau verliebt – und brachte sich deshalb um. Diese Problemlösungsstrategie fand Goethe für sich selber offenbar übertrieben und schrieb stattdessen DIE LEIDEN DES JUNGEN WERTHERS (ja, in der ersten Ausgabe hatte er sich vertippt und hinten ein s angehängt). Der Roman erschien 1774 – und BÄNG! war Goethe der Shootingstar der deutschen, ja sogar der europäischen Literatur. Junge Leute, vor allem die unglücklich Verliebten, wurden zu fanatischen Werther-Fans. Männer (Frauen durften nicht) zogen sich Werther-Klamotten an, die Moralapostel liefen Sturm dagegen, und eine Handvoll Hardcore-Fans soll sich sogar erschossen haben. Da soll noch mal einer sagen, Killerspiele sind gefährlich.

SO HAT ER SICH DEN FEIERABEND EIGENTLICH NICHT VORGESTELLT:
DA KOMMT NATHAN NACH 'NEM LANGEN ARBEITSTAG NACH HAUSE, UND DANN
IST SEIN HAUS AUCH NOCH ABGEBRANNT.

Manchmal kann man den Eindruck haben, dass Religionen nur deshalb erfunden wurden, damit es immer genügend Kriege auf der Welt gibt. Das ist natürlich Quatsch, denn die eigentliche Funktion von Religion ist ja schließlich, recht zu haben. Das gilt jedenfalls für offizielle Religionsvertreter, während Religion im Privatgebrauch oft einfach eine Alternative zu Bundesligavereinen ist. Von wegen strukturierte Wochenendtermine, Fangesänge und Gruppenerlebnis. Religion und der mehr oder weniger zivilisierte Umgang damit ist jedenfalls das Hauptthema von NATHAN DER WEISE, und die Hauptperson dieses Dramas heißt überraschenderweise Nathan. Er ist ein erfolgreicher jüdischer Geschäftsmann, stammt aus Jerusalem, sitzt allerdings häufiger hinterm Steuer seines Kamels als zu Hause auf der Couch, wo sich in der Regel Recha, seine Adoptivtochter, rumlümmelt. Die ist eigentlich eine Nette, befindet sich aber gerade im schwierigsten Teenageralter. Eigentlich sollte Daja, Nathans Hausdrache ... äh, Haushälterin, auf Recha aufpassen (Frau Nathan ist leider tot), sie hat aber einen Hang zum Manipulieren, was für einigen Wirbel sorgt. Besonders, weil ein fescher junger Tempelherr Recha vor kurzem gerettet hat und Daja jetzt hofft, indirekt auch von ihm aus Jerusalem gerettet zu werden. Der hat aber erst mal anderes zu tun, denn die Tempelherren, auch Tempelritter genannt, sind berufsmäßige Kreuzzügler, also christliche Gotteskrieger, die alle Nichtchristen ziemlich skrupellos verfolgen.

Eigentlich hätte dieser Tempelherr bei seiner Festnahme von Saladin hingerichtet werden sollen, wurde aber überraschend von ihm begnadigt, weil er einem seiner Brüder so ähnlich sah. Vom Rang her müsste der überhaupt als Erster genannt werden: Saladin mit S und ohne Wunderlampe ist eine historische Figur, nämlich gerade der Sultan von Jerusalem. Von seiner weitläufigen Familie tritt nur seine Schwester Sittah im Stück auf, während Al-Hafi, ein Derwisch (das ist so eine Art Bettelmönch auf Muslimisch), zu Beginn Saladins Finanzminister ist. Passend zum muslimischen Bettelmönch tritt noch ein christlicher Klosterbruder auf, außerdem dessen Chef, der Patriarch von Jerusalem, das geistliche Oberhaupt der Christen im Heiligen Land – ein schon berufsmäßig völlig unschuldiger Charakter.

Es ist kurz vor 1200, und es ist Religionskrieg im Nahen Osten. Kann man sich ja heute überhaupt nicht mehr vorstellen, wie unendlich lang damals die Religionskriege waren. Erst haben die Christen Jerusalem erobert, vor kurzem aber hat Saladin die Stadt zurückgewonnen. Zurzeit ist gerade Waffenstillstand,

SALADIN IST SCHON EIN ZIEMLICHES SPIELKIND: ER SPIELT NICHT NUR STÄNDIG MIT SEINER SCHWESTER SCHACH, SONDERN BEGNADIGT AUCH NOCH AUSSER DER REIHE EINEN TEMPELHERRN – EINFACH SO.

und Saladin ist im Gegensatz zu den Kreuzrittern echt nett, denn die Christen und Juden in der Stadt dürfen ihren Kopf behalten. Aber der Friede ist ziemlich brüchig, und man erlebt jeden Tag Überraschungen. Wie zum Beispiel Nathan, als er von einer Geschäftsreise nach Hause kommt und feststellen muss, dass sein Haus abgebrannt ist. Recha stürmt auf ihn zu:

»Papa, Papa, ein Engel hat mich gerettet.«

»Äh – wer?«

»Ein Tempelherr.«

»Haben die Christen uns schon wieder erobert?«

»Nein, der ist von Saladin begnadigt worden.«

Nathan wundert sich erst mal, dass die beiden Mädels es nicht hingekriegt haben, den leider bockigen Retter mal einzuladen, und zweitens hat er alle Hände voll zu tun, den religiösen Wunderglauben, den Daja seiner Tochter einimpft, etwas einzudämmen. Da kommt sein alter Kumpel Al-Hafi vorbei und pumpt Nathan für Saladin an, aber der lehnt dankend ab, weil

DAJA GIBT ALLES, UM SICH BEIM TEMPELHERRN ZU BEDANKEN, ABER DER SPIELT NICHT MIT. DABEI HAT SIE SO VIEL LIEBE ZU GEBEN.

143

er die Zahlungsmoral von Machthabern kennt, und wundert sich weiter, nämlich dass ein Bettelmönch Finanzminister ist. Al-Hafi erklärt ihm zwar, dass er als Bettelmönch auch nicht weniger zu verwalten hatte als jetzt, insgesamt macht ihm der Job aber auch keinen Spaß.

Der Tempelherr läuft in der Zwischenzeit wie ein falscher Fuffziger durch Jerusalem, denn die Begnadigung durch Saladin hat sein schönes Feindbild schon ziemlich angeknackst. Da spricht ihn der Bettelmönch an:

»Hier, Sie sind doch arbeitslos, oder? Ich hätte einen Job für Sie.«

»Als was?«

»Na ja, Sie sind ja christlicher Fundamentalist, deshalb dachte der Patriarch, Sie wollen vielleicht den Sultan umbringen?«

»Aber der hat mir doch das Leben gerettet! Komm, hier, erreg mir meine Galle nicht.«

Zu allem Überfluss kommt auch noch Daja dazu und will ihn wieder mal mit Dank überschütten, deswegen verschwindet er lieber ganz schnell von der Bühne.

Bei Sultans wird fleißig Schach gespielt. Saladin ist allerdings nicht bei der Sache, deshalb fragt Sittah:

»Spielen wir jetzt oder guckst du Kopfkino?«

»Hier, komm, du hast gewonnen.«

»Al-Hafi! Zahl' 1.000 an Sittah!«

Den gähnt die Leere in der Staatskasse aber mittlerweile so an, dass er unvorsichtigerweise einfach mal die Wahrheit sagt: »Nee, du bist pleite, und außerdem zahlt Sittah schon seit Monaten die Stromrechnung.« Das wiederum wollte Sittah nicht – nämlich dass Saladin erfährt, dass sie für ihn zahlt, deshalb rächt sie sich jetzt an Al-Hafi: »Dann borgen wir doch einfach mal was von deinem Freund Nathan, Al-Hafi, ob er will oder nicht.«

Der hat mittlerweile den Tempelherrn ausfindig ge-

macht und will ihm danken, aber der ist ziemlich arschig antisemitisch. Nathan guckt ihn nur an und sagt: »In Wahrheit bist du eigentlich total nett.« Und der ist so verblüfft, dass er plötzlich wirklich nett wird und sogar mit Nathan nach Hause mitkommen will. Da kommt Daja angewetzt und bestellt Nathan zum Sultan. Der schickt die beiden schon mal vor, und fragt nur noch:

»Wie heißt du noch mal?«

»Curd von Stauffen.«

Bei dem Namen klingelt was bei Nathan, aber bevor's ihm einfällt, warnt Al-Hafi, dass der Sultan ihn abzocken

will. Das ist Nathan egal, aber der Derwisch haut lieber mal ab.

Während Nathan sich also auf den Weg zu Saladin macht, wird Recha von Daja noch mal eingenordet:

»Und sei nett zu ihm, und wenn er dich heiraten und nach Europa mitnehmen will, dann nimmste mich mit!«

»Daja! Ich kenn' den noch gar nicht.«

Als er dann aber da ist, ist Recha ziemlich cool, während er total verliebt und unzurechnungsfähig von seinem Ägyptenurlaub stammelt, bis er's nicht mehr aushält und abhaut.

ERST WILL ER'S JA NICHT WAHRHABEN, ABER ALS DER TEMPELHERR RECHA WIEDERSIEHT, VERSACKT SEIN BLUT SOFORT IN DIE UNTEREN KÖRPERREGIONEN, SODASS IM GEHIRN LEIDER NICHTS MEHR ÜBRIG IST.

Nathan will den Termin mit dem Sultan nicht unnötig in die Länge ziehen:

»Hier, Sultan, du willst mein Geld, oder?«

Und der so: »Nee, ich will die Wahrheit – sag mir mal, ob Judentum, Islam oder Christentum richtig ist. Fünf Minuten Bedenkzeit.«

Und Nathan so: »Oh, oh. – Wenn ich jetzt für den Islam spreche, denkt er, ich verarsche ihn, und umgekehrt denkt er, ich disse ihn, und dann enteignet er mich – ah! Ich hab eine Idee! Hier, Sultan, du kennst doch DER HERR DER RINGE, oder? Stell dir mal vor, Bilbo hätte drei Lieblingsneffen gehabt und deshalb noch zwei Kopien von dem einen Ring herstellen lassen, und jetzt wär Bilbo tot und keiner wüsste, welcher Ring der echte ist.«

NATHAN ERZÄHLT SEIN MÄRCHEN, DIE »RINGPARABEL«, DIE EIGENTLICH NATÜRLICH NICHTS MIT DEM »HERRN DER RINGE« ZU TUN HAT, AUSSER, DASS RINGE HALT ÜBERALL UNHEIL STIFTEN UND MAN TROTZDEM IRGENDWIE FRIEDLICH ZUSAMMENLEBEN MUSS.

»Ja, und dann?«

»Dann würden die drei Neffen sich ständig streiten, wer den echten hat, bis irgendwann Gandalf auf den Tisch haut und sagt: ›Dann bringt halt jeder seinen nach Mordor und erweist sich als würdiger Ringträger und dann werden wir ja sehen, welcher der richtige war.‹«

Und nachdem Nathan das noch 'n bisschen erklärt hat, erkennt der Sultan, dass das die Antwort auf seine Frage sein soll.

»Ganz schön schlau, Nathan. Dann nehm' ich jetzt doch dein Geld, und wir sind Kumpels, okay?«

»Ja, cool!«

Und während Nathan erleichtert nach Hause schlendert, spricht ihn

GANZ SCHÖN SCHLAU, NATHAN.

der Tempelherr an und sagt ihm, dass er Recha jetzt zum Dank doch gern heiraten würde, aber Nathan ist überhaupt nicht begeistert und will erst mal seine Familie checken. Als Daja dem Ritter dann noch steckt, dass Recha nur Nathans Adoptivtochter und eigentlich Christin ist, wird er wütend auf Nathan und geht zum Patriarchen von Jerusalem, um sich zu beschweren.

»Nur mal angenommen, ein Jude hätte 'ne christliche Adoptivtochter als Jüdin erzogen ...«

»Mit dem würden wir ein gemütliches Freudenfeuerchen machen.«

Das findet der Tempelherr auch irgendwie übertrieben, aber der Patriarch will jetzt unbedingt wissen, um wen's geht, und lässt sich erst abwimmeln, als der Ritter droht, zum Sultan zu gehen. Was er dann auch macht, um

WÜRDEN SIE DIESEM MANN IHRE KREDITKARTE ANVERTRAUEN? – DER PATRIARCH VON JERUSALEM.

sich bei dem über Nathans Ungerechtigkeit auszuheulen, sodass Saladin verspricht, ihm zu helfen.

Daja versucht in der Zwischenzeit, ihren Arbeitgeber weichzuklopfen, damit er die Heirat doch noch erlaubt, da kommt der Klosterbruder zu Nathan und wir erfahren etwas von der Vorgeschichte:

»Entschuldigung, ich hab dir ja vor achtzehn Jahren die Pflegetochter gebracht, gell?«

»Ja, da hatten die Christen gerade meine Frau und meine sieben Söhne umgebracht.«

»Ja. Ich wollte eigentlich auch nur sagen: Zufällig hab ich noch das Adressbuch von meinem damaligen Arbeitgeber, dessen Tochter sie war, gefunden.«

Das übergibt er ihm, und jetzt geht Nathan ein Licht auf. Der Tempelherr holt ihn zu Saladin, wo

JA, MIT BÜCHERN KANNTE LESSING SICH AUS – KEIN WUNDER, DASS DIE AUFKLÄRUNG AUCH IN DIESER STORY AUS EINEM BUCH KOMMT.

mittlerweile auch Recha ist. Der Sultan will das Problem aus der Welt schaffen:

»Hier, Nathan, jetzt lass die doch heiraten.«

»Von mir aus, aber wir müssen Rechas Bruder fragen.«

Und als der Tempelherr pampig fragt:

»Ach ja, und wer ist das?«

»Das bist du!«

Das schockiert den Ritter, weil er dann ja seine Schwester geküsst hat, aber es kommt außerdem raus, dass sie beide die Kinder von Assad, einem Bruder von Saladin, und einer europäischen Frau sind, was Saladin richtig cool findet, sodass am Ende alle eine große glückliche Familie sind. Außer Nathan, aber der darf trotzdem mit auf's Familienfoto.

Unterm Strich

Manchmal sind Spitznamen ziemlich irreführend. Heutzutage jedenfalls kommen wahrscheinlich die wenigsten Leute auf die Idee, dass »Nathan der Weise« eigentlich »Nathan der Megagechillte« heißen sollte, denn dieser Typ ist mit Abstand der coolste Entspannungskünstler der Literaturgeschichte. Nur ganz kurz wiederholt: Seine gesamte Familie wird von Christen ermordet – Nathan adoptiert eine Christin. Der Tempelherr wirft ihm Hassbotschaften an den Kopf – Nathan beweist ihm, dass er, der Ritter, eigentlich ein guter Mensch ist. Der Sultan stellt ihm eine potentiell tödliche Fangfrage – Nathan erzählt ihm ein abgefahrenes Märchen und macht ihn so zu seinem Freund. Wie ein seelischer Judokämpfer gelingt es ihm immer wieder, aggressive Leute einfach umzudrehen und so zu entspannen. Und das wirkt auch noch ansteckend: Am Ende hat man fast den Eindruck, die Welt könnte wirklich besser werden durch solche abgefahrenen, Märchen erzählenden, querdenkenden Chillout-Künstler.

HINTENDRAN

In meinen YouTube-Kanal SOMMERS WELTLITERATUR TO GO stelle ich wöchentlich ein Werk der Weltliteratur in Form meiner subjektiven und hoffentlich unterhaltsamen Zusammenfassung vor. Da man über alles reden kann, aber nicht über zehn Minuten, bemühe ich mich intensiv, dieses Zeitfenster nicht zu sprengen. Unterstützt werde ich dabei von einem mittlerweile riesigen Ensemble von über 600 Darstellerinnen und Darstellern, die 7,5 cm hoch sind, äußerlich aus Kunststoff sind, aber innerlich ein Herz aus Gold haben. Etwaige Überschreitungen des selbstgesteckten Zeitrahmens werden durch platten Humor ausgeglichen. Falls ihr durch dieses Büchelchen Lust auf mehr bekommen habt, fühlt euch eingeladen, meinen Kanal zu erkunden, und zwar unter:

http://www.youtube.com/c/mwstubes

Die Videos zu den einzelnen Kapiteln dieses Werkes findet ihr unter folgenden Links:

FAUST I
https://youtu.be/OMXvK6uScnY

DIE VERWANDLUNG
https://youtu.be/MQiqPzzJOtI

WOYZECK
https://youtu.be/BLBrjnL-QuY

DER SANDMANN
https://youtu.be/R0gR4OT6z88

KABALE UND LIEBE
https://youtu.be/xJrePesJgtY